Viktoria von dem Bussche

Garten lust & Leiden schaft

Callwey

006 *Vorwort*

008 *Stauden und Sommerblumen*
Das große Sommerkonzert

014 Kapuzinerkresse, Löwenmäulchen und Ringelblumen – ein Muss!
016 Betäubender Duft erfüllt die Nacht
018 Feuriges Rubinrot
020 Zinnien – der Trost verregneter Sommertage
023 *Tithonia* – die mexikanische Sonnenblume
024 Gibt es etwas Schöneres als Wicken?
026 Strohblumen – fast vergessen!
028 Pas de Deux im Sommerwind
030 Kornblumen machen glücklich
032 Mohnsüchtig
034 Blumen wie Sonnenstrahlen
036 Skabiosen in ungeahnter Vielfalt
038 Nicht alle Stauden bleiben treu
040 Rittersporn, Mohn und Phlox
042 *Thalictrum,* Fenchel und *Macleay*
044 Ziertabak, Reseda und Frauenmantel
046 Die Indianernessel hat das schönste Rot!
048 Schwarzer Holunder ist so elegant
050 *Echinacea* – treu, beständig und auch im Verblühen schön
052 Die Lupine ist keine Straßenblume!
054 … in Cornwall wachsen sie am Straßenrand
056 Das königliche Blau der *Agapanthus africanus*
058 Die Kermesbeere hat ein Vogel gebracht
060 Die „schönen Wilden"
062 ‚Goldsturm' und Sonnenbraut

064 „Ich werde Dir Rosenbeete schenken und tausend
duftende Sträuße" – Hatte ich Dir einen Rosengarten versprochen?

072 Was ist eigentlich ein Rosengarten?
074 Die Rose für den Garten oder der Garten für die Rose?
076 Von der Beetrose zur „Straßenrose"
078 „Warum haben Sie eigentlich keine Edelrosen?"
080 Vier Farben Rot
082 Die weiße Rose
085 Der vornehme Ernst des ‚Cardinal Hume'
086 ‚Souvenir de la Malmaison'
088 ‚Gloria Dei' – eine Dame im Rentenalter
090 ‚Julia's Rose' – wie uraltes Pergament
092 'Mutabilis' – die Farben des Sonnenuntergangs
093 ‚Sweet Pretty' – schön wie die Kirschbaumblüte

095 Grüne Rosen – geheimnisvoll und elegant
096 ‚Pat Austin' – das Kind berühmter Eltern
097 Ein altmodischer Rosengarten
098 Zufallsbekanntschaften und gewagte Mischungen
100 ‚Schloss Ippenburg'
102 Eine Insel im wogenden Gräsermeer
104 Meine kleine Rosenprärie
108 „Dieser Garten macht einfach glücklich!"
112 Mein schönster Rosengarten!
114 Die Lust währt nur drei Wochen
116 Des Sommers letzte Rose...

118 *Der Küchengarten -
Hier wohnt das Glück!*

124 Mit ein paar Samenkörnern fing alles an
128 Der Duft der Melonen
132 „Diese schreckliche Zeit, in der es nur Kartoffeln mit Dillsauce gibt!"
136 „Aus Gründen des ganzen Lebensgefühls"
154 Anarchie im Küchengarten, Augustäpfel, Kindheitserinnerungen und diese ganze Poesie!

„Der graue Garten" im Hochsommer. Die Blütenstände des Grases *Leymus arenarius* wirken wie Wasserfontänen in dem Farbfeuer aus kräftigem Gelb und Orangetönen.

Als ich vor ungefähr zehn Jahren zum ersten Mal die „Chelsea Flower Show" in London besuchte, hatte ich nur Augen für die Schaugärten und für das Angebot an originellen Gartengeräten und Accessoires. Das große Zelt, in dem die besten Gärtner und Züchter des Commonwealth ihre Neuheiten, Raritäten und Sensationen präsentierten, durchstreifte ich nur flüchtig – abgeschreckt von der militärisch anmutenden Parade riesiger Lupinenkerzen und imposanter Delphinium, den Bataillonen von Alpenveilchen und Tulpen. Wie hat sich das geändert! Heute verbringe ich dort Stunden, eigentlich den ganzen Tag. Die Schaugärten sind schnell „abfotografiert", auch das Angebot der Aussteller ist ähnlich wie auf anderen Festivals. Die Pflanzenbilder jedoch erfüllen mich mit einer unbeschreiblichen Lust und mit einem Verlangen, das irrational und deshalb umso intensiver ist. Irrational, weil zu jeder neuen Pflanze, die mir begegnet, gleich ein ganzes Beet vor meinem inneren Auge entsteht, obwohl in meinem Garten gar kein Raum mehr dafür ist. Aber die Pflanze ergreift von mir Besitz und bemächtigt sich meiner Phantasie mit immer neuen Kombinationsmöglichkeiten, bis schließlich die Bestelllisten durch den Äther tickern. Dann endlich herrscht Ruhe und ein Gefühl der Vorfreude macht sich breit.

Ich bin ein Pflanzenjäger. Kein klassischer „Planthunter", der im Himalaja herumklettert, sondern einer, der die Staudengärtnereien, Saatgut- und Blumenzwiebelkataloge durchstreift, in Schaugärten, Sichtungsgärten und Gartenschauen nach neuen Pflanzenkombinationen Ausschau hält, Tausende

„Wer mich ganz kennen lernen will, muss meinen Garten kennen, denn mein Garten ist mein Herz."

FÜRST HERMANN VON PÜCKLER-MUSKAU

von Gartenbüchern besitzt und in den Gärten namhafter Künstler in Ekstase gerät.

Mit diesem Buch möchte ich Sie zur „Pflanzenjagd" in meinen Garten einladen, möchte Sie inspirieren und, wenn möglich, mit meiner Leidenschaft infizieren. Denn die Gartenleidenschaft ist wahrscheinlich die einzige Leidenschaft, die gesund, befriedigend und ganz und gar ungefährlich ist, sofern man von der Gefahr des finanziellen Ruins absieht, der schon viele berühmte Gärtner ereilt hat. Meine Leidenschaft gilt dem Sommergarten – den Blumen und Früchten, den Farben, dem Duft und der verschwenderischen Fülle. Gärtnern macht glücklich, soviel steht fest.

Ich möchte Sie an meinem Glück teilhaben lassen, Ihnen von meinem Garten erzählen. Von meiner Leidenschaft für Pflanzen, meiner Lust an Duft und Farbe, meinem Vergnügen an immer neuen, manchmal gewagten Kombinationen, von meinen Ideen, Plänen, Theorien und Phantasien. „Glück ist das Zusammentreffen von Phantasie und Wirklichkeit" (A. Mitscherlich) Und der Garten ist der Ort, an dem dieses „Zusammentreffen" am ehesten zu erwarten ist. Wen wundert es, dass der Garten ein „Ort des Glücks" ist, – seit Jahrtausenden.

Stauden und Sommerblumen

„Sommerfeuer" im grauen Garten. Im Vordergrund *Hemerocallis* ‚Elijah' und Fingerhut ‚Apricot'

Das große Sommerkonzert

Wann beginnt eigentlich der Sommer? Was für eine Frage – am 21. Juni natürlich, das weiß doch jedes Schulkind! Dieser Tag markiert den astronomischen Sommeranfang, und es gibt auch noch einen meteorologischen Start in den Sommer, den 1. Juni. Für mich beginnt der Sommer aber schon Mitte Mai, gleich nach den Eisheiligen, die vom 11. bis 15. Mai zum letzten Mal für winterliche Temperaturen sorgen. „Vor Bonifaz kein Sommer, nach der Sophie kein Frost", lautet eine der vielen Bauernregeln, die sich um die vier frostigen Heiligen ranken. Dem 15. Mai, dem Tag der „Kalten Sophie", fiebere ich immer wieder aufs Neue entgegen. Voller Ungeduld und Vorfreude verteile ich schon Tage zuvor im Kopf und auf unzähligen Zetteln die Hundertschaften vorgezogener Sommerblumen, die in meinem Glashaus und im Gewächshaus einer benachbarten Gärtnerei bereit stehen. Über 3.000 Sommerblumen warten auf ihren Einsatz, recken sonnenhungrig ihre Hälse und müssen an kleine Stäbchen gebunden werden, weil sie zu sehr in die Höhe geschossen sind. Dann endlich kommt der befreiende Moment, der Morgen des 16. Mai. Egal ob Sonntag oder Feiertag – es wird gepflanzt! Das Sommerkonzert beginnt!

> *„Das Paradies liegt nicht auf Erden, aber Stückchen davon sind wohl vorhanden."*
>
> J.Renard

Alles, was vorher geschieht, ist nicht mehr als ein Stimmen der Instrumente: Dem Auftakt im April mit Tausenden von Tulpen und Narzissen folgt ein abwartendes *Allegro con brio*. Die Obstbäume beginnen zu blühen, und die Schachbrettblume, die Kaiserkrone und der Goldlack spielen schon mit der Farbpalette des Sommers, aber es fehlt ihnen an Kraft, denn sie tragen noch die Kälte des Winters in ihren Blüten und Blättern. Mit einem zarten *Crescendo* betritt dann die Strauchpäonie, die große Solistin, die Bühne, zart und zitternd von der Magnolie begleitet, bis diese, von den bösen Heiligen überrascht, als unansehnliche braune Masse ihren viel zu frühen traurigen Tod findet!

In meine Ungeduld mischt sich der Gesang der Nachtigall, der erste Ruf des Kuckucks. Nun schwellen bereits die Knospen der Pfingstrosen, der Mohn „platzt aus allen Nähten" und Iris, Fingerhut, Rittersporn und die ersten Rosen lassen Farben, Duft und Schönheit erahnen. Auch die Nachtigall, die weiß, dass sie nur einen kurzen Einsatz hat in diesem Sommerkonzert, schmettert und hämmert ihr Lied die ganze Nacht hindurch und verstummt noch nicht einmal am Tag. Überall herrscht Vorfreude und lustvolle Spannung, es ist ein *Allegro sostenuto*, das in einem Paukenschlag mündet: Der Sommer betritt die Bühne!

Rittersporn, Mohn, Margeriten, Akelei, Fingerhut, Lupinen und Bartnelken und mit ihnen die duftenden Historischen Rosen malen die impressionistischen Bilder des Frühsommers. Er ist es, der mich mit Melancholie erfüllt, und nicht der Herbst, denn die Schönheit seiner Blütenfülle ist so voller Lust, seine Farben sind so zart und doch so intensiv, so flüchtig und vergänglich. In dieser Mischung aus Lust und Trauer überhöre ich oft das plötzliche Verstummen der Nachtigall, das sich zeitgleich mit dem Verblühen der Historischen Rosen vollzieht, die ihren Blütenschaum wie ein Füllhorn über den Garten und die Obstbäume, über die Spaliere und Zäune ausgegossen haben. Und auch das ganze andere lärmende Balzgeflatter und Gezwitscher hört plötzlich wieder auf – die Fauna schweigt und die Brutzeit beginnt, während Flora zum großen *Crescendo* des Hochsommers ansetzt. Nun geben die modernen, kräftigen Rosen den Ton an, gefolgt und begleitet von der Farbenpracht der einjährigen Sommerblumen.

Inmitten dieser übervollen farbenprächtigen Sommerlust erscheint plötzlich der Phlox und verströmt seinen herbstlichen Duft. Die kühle Eleganz seiner Farben steht im Gegensatz zu diesem Duft, der an fallendes Laub und das Gold der Herbstsonne erinnert und wie ein „memento mori" schwer auf den Beeten liegt. Das ist der Hochsommer! Die Sonne glüht im Zenith. Die Luft steht still, es rührt sich kein Blatt und kein Tier ist zu sehen, nur ein ferner Bussard schreit und die Enten gleiten träge über die glatte Wasserfläche. Wenn Goldsturm und Sonnenbraut dann zum Schlussakkord blasen, ist der Herbst gekommen. Das Sommerkonzert ist vorbei! Kaum drei Monate hat

es gedauert. Aber die Sommerblumen, die Kapuzinerkresse, Ringelblumen und Löwenmäulchen, die Skabiosen, Verbenen, *Gaura* und Kokarden blühen weiter bis zum Frost – es kümmert sie nicht, dass neben ihnen die Gräser erbleichen, die Rosenblätter fallen und die *Hosta* vergilbt. Sie fühlen sich in der Gesellschaft von Dahlie und Aster genauso wohl wie neben Indianernessel, Phlox, Lupine oder Brennender Liebe, die gerade dabei sind, ihre Blätter für das kommende Jahr in Stellung zu bringen.

Ich bin ein „Sommerkind". Ich kam im August zur Welt, nach einem heftigen Sommergewitter. Ich liebe die Fülle und den Rausch der Farben, den verschwenderischen Duft und den Zauber der Blüten, die am schönsten sind, kurz bevor sie verwelken. Doch in all dieser Sommerlust ist es die Vergänglichkeit, die mich am meisten fasziniert, die zyklische Wiederkehr, dieses „Stirb und Werde", wie Goethe es im west-östlichen Diwan beschreibt:

> *„Und solang du dies nicht hast, dieses: Stirb und Werde! Bist du nur ein trüber Gast auf der dunklen Erde."*
>
> JOHANN WOLFGANG v. GOETHE

Die Rose ‚Marie Luise Kreuter',
2007 in Ippenburg getauft

Kapuzinerkresse, Löwenmäulchen und Ringelblumen

EIN MUSS!

Die Akelei ist meine Lieblingsblume. Dennoch würde ich mich, vor die Wahl gestellt, für Löwenmäulchen, Ringelblumen und Kapuzinerkresse entscheiden und der Akelei sofort untreu werden. Sie ist so flüchtig und kurzlebig, blüht so früh und vergeht so schnell. Die Sinnlichkeit und Ausdauer, das Farbspektrum und der Blütenreichtum des Löwenmäulchens, die kraftstrotzende, gesunde Ausstrahlung der Ringelblume und die alles überwuchernde, verschlingende und dennoch so zerbrechliche Kapuzinerkresse mit ihren wässrigen, dicken Trieben sind der Grund, warum diese Pflanzen auf Rang Eins meiner Einkaufslisten stehen, die ich im Winter mit wachsender Begeisterung zusammenstelle. Besonders liebe ich die rubinroten und orangefarbenen Löwenmäulchen und die dunkelroten, fast ins bräunliche gehende Kapuzinerkresse, die unter verschiedenen Namen in englischen und niederländischen, aber auch in deutschen Saatkatalogen geführt wird. Die Kapuzinerkresse gibt es rankend und nicht rankend – man sollte besser sagen: wuchernd und nicht wuchernd –, wobei die besonderen Farben eher bei den nicht rankenden Sorten vorkommen. Die einfache rankende Sorte mit ihren Blüten in kräftigem Orange wird von vielen Gärtnern abgelehnt, ebenso die bescheidene, heitere Ringelblume, denn beide gelten als bäuerlich und ordinär – bei mir dagegen genießen sie absolute Narrenfreiheit. Sie wachsen, wo sie hinfallen, und alljährlich werden mindestens drei bis vier Samentüten zusätzlich ausgesät, aus Angst, die Selbstaussaat könnte einmal versagen. Die Ranken der Kapuzinerkresse klettern in Rosenstöcke und Sträucher, kriechen durch Kartoffelreihen, winden sich um Triebe vom Neuseeländer Spinat, um Apfelbäume und Bohnenstangen und schieben sich in die Mauerritzen des uralten, verwitterten Glashauses.

Gewagte Mischung: pinkfarbene Kosmee mit samtroten Löwenmäulchen

Elegante Mischung: Löwenmäulchen mit den fast schwarzen Skabiosen ‚Ace of Spades'

MEIN TIPP FÜR SIE:

Ein verrücktes Sommerbeet in „Schwarz"-Orange: Rankende und niedrige Kapuzinerkresse, Ringelblumen, dunkelblättrige Melde, *Ricinus* und *Canna*, Bronzefenchel, Dahlien ‚Chat Noir' und ‚Ellen Huston', Taglilien, Gladiolen, Löwenmäulchen in feurigen Farben und alles, was noch dazu passt!

Die duftenden Kandelaber des Ziertabaks *Nicotiana sylvestris*

MEIN TIPP FÜR SIE:

Setzen Sie den Ziertabak direkt neben Ihre Terrasse oder unter das Fenster, in dessen Nähe Ihr Schreibtisch steht. Seien Sie nicht zu sparsam, pflanzen Sie reichlich! Der Duft ist einzigartig und die eleganten weißen Blüten überstehen sogar die ersten Fröste.

Betäubender Duft

ERFÜLLT DIE NACHT

Wenn ich am Abend in meinen Gemüsegarten gehe, um Rosmarin oder Schnittlauch für unerwartet eingetroffene Gäste zu holen, komme ich an einer Erle vorbei, an deren Fuß *Nicotiana sylvestris* wächst, ein Ziertabak, dessen intensiver Duft die Nacht erfüllt. Lange Jahre hatte ich diese Pflanze verschmäht, weil mir ihre Blüte zu unscheinbar erschien. Was mich schließlich bewog, sie doch auszusäen, weiß ich nicht mehr, zumal ich ein Tagmensch bin, der den Garten nach einbrechender Dunkelheit meidet. Dieser Ziertabak, der über ein Meter hoch wird und eine der wenigen Sommerblumen ist, die auch im Schatten gedeihen und blühen, eignet sich nicht als Dekorationspflanze für großflächige Beete wie die gängigen roten und weißen Sorten. Seine filigranen Blüten hängen in Kaskaden herab, eigentlich vollkommen unspektakulär. Aber sein Duft ist überwältigend, er ist verführerisch, verzaubernd und ungreifbar. Ich gehe jetzt auch ohne Grund, ohne abendliche Gäste zur Erle, sobald die Dämmerung einsetzt. Wer mich dann dort sehen könnte, würde es vermutlich für ein albernes Ballett halten, wie ich da hin- und hergehe, ein paar Schritte vor, ein paar zurück, den Duft durch die Nase einziehend.

Ziertabak kann man nur schwer aus Saat ziehen, weil die Samenkörner kleiner sind als Stecknadelköpfe, weshalb ich einen großen Teil der Pflanzen von professionellen Gartenbetrieben heranziehen lasse und den Rest in den ersten Frühlingstagen an Wegrändern und in lichten Wäldern ausstreue. Es wird zwar nicht aus jedem Saatkorn eine Pflanze – dafür ist die Konkurrenz einfach zu groß –, aber wenn mich dann bei meinem abendlichen Rundgang dieser betörende Duft überrascht, denke ich höchst befriedigt: Ach ja, da hab ich euch ja ausgestreut – schön, dass ihr es geschafft habt!

Feuriges *Rubinrot*

EINE MEINER LIEBLINGSFARBEN

Meine Kenntnis der *Ratibida*, dieser herrlichen Sommerblume, verdanke ich einer der besten Pflanzenkennerin Deutschlands, der in Magdeburg beheimateten Petra Pelz. Ihre erste Pflanzung, die ich kennen lernte, war der Gräsergarten der Bundesgartenschau in Rostock – etwas Schöneres hatte ich noch nicht gesehen! Mit viel Mühe gelang es mir, ihre Adresse bei der BUGA-Leitung in Erfahrung zu bringen, und 2006 war sie bereits mit einem eigenen Beitrag für das Ippenburger Heckenlabyrinth vertreten – selbstverständlich mit einem Gräsergarten. Auf ihrer Pflanzenliste, die ich im Oktober 2005 erhielt, standen zwei Positionen, die mir einiges Kopfzerbrechen machten: Nassella und *Ratibida*. Nassella, eigentlich *Stipa tenuissima*, in England „Ponytail" genannt, findet man heute in fast jedem Schaugarten. 2005 war es hingegen noch kaum möglich, in Deutschland größere Mengen dieses wunderschönen Grases zu bekommen. Die zweite Pflanze war *Ratibida columnifera*, ein aus Mexiko stammender Korbblütler, der besonders für Prärie- und Wildblumenpflanzungen geeignet ist. In einem englischen Saatgutkatalog fand ich schließlich nach langer, mühevoller Suche die Sorte *Ratibida* ‚Mexican Heat', die, anders als die von Petra Pelz gewünschte gelbe *columnifera*, in feurigem Rubinrot blüht, einer meiner Lieblingsfarben. Inzwischen ist *Ratibida* ‚Mexican Heat' oder auch ‚Red Midget' zu einem festen Bestandteil meiner Sommerpflanzungen geworden. Besonders schön wirkt sie in Kombination mit dem Gras *Imperata cylindrica* ‚Red Baron', Schleierkraut, Spanischem Gänseblümchen, Lavendel, zartrosa Storchenschnabel und der ungefüllten, an Obstblüten erinnernden Rose ‚Sweet Pretty' sowie in Begleitung der Rose ‚Mutabilis', Nassella, *Gaura lindheimeri* und *Verbena bonariensis*.

Ratibida columnifera ‚Red Midget' und
Pennisetum compressum ‚Herbstzauber'

MEIN TIPP FÜR SIE:

Ratibida blüht vom Sommer bis zum Herbst, darauf muss man bei der Planung achten. Neben den Gräsern und den Sommerblumen in bräunlichem Rot-Orange, wie *Cosmodium*, Nachtkerze ‚Sunset Boulevard', *Agastache* ‚Apricot Sprite' und *Cosmos* ‚Chocolate', passen sehr schön *Scabiosa* ‚Lavendelblau', Lein ‚Blue Dress' sowie weiße Skabiosen und die Spinnenblume ‚Helen Campbell'.

DER TROST VERREGNETER SOMMERTAGE

Zinnien

„Das unmittelbare Anschauen der Dinge ist mir alles, Worte sind mir weniger als je..."

J. V. GOETHE

Wie die *Ratibida* stammt auch die Zinnie aus Mexiko – sie bringt die mexikanische Sonne in unseren oft trüben, verregneten Norden. Ihre Blüten sind absolut regenfest und ihre Farben leuchten in kräftigem Orange, Pink, Korallenrot, Tiefpurpur, Gelb und in strahlendem, warmem Weiß. Ich spreche von der so genannten Schmuckzinnie, der *Zinnia elegans*, die in meinem Küchengarten bis zu einem Meter hoch wird und deren Farbkombinationen gegen alle Regeln des guten Geschmacks verstoßen. Es gab Zeiten, da säte ich sie nach Farben sortiert aus, weil ich den Mut zu dieser extremen Farbkombination einfach nicht aufbrachte. In einem Jahr hatte ich sogar nur weiße Zinnien bestellt – ein Feinsinn, der an Dummheit grenzte und durch heftigen Mehltaubefall, der die weißen Blüten verschimmeln ließ, noch ehe sie richtig aufgeblüht waren, ordentlich bestraft wurde. Seitdem gehört ein breiter Streifen Zinnienmischung ‚Kalifornische Riesen' zum Pflichtprogramm in meinem Küchengarten. In den anderen Gärten und Beeten kultiviere ich darüber hinaus verschiedene Sorten,

Zinnia elegans ‚Kalifornische Riesen-Mischung'

Ein Strauß leuchtender Zinnien neben frisch geerntetem Neuseeländer Spinat

Tithonia, Zinnien und Sonnenblumen im Küchengarten

oft auch Neuheiten wie zum Beispiel ‚Swizzle Scarlet & Yellow', die wie eine Kokardenblume aussieht, ‚Red Spider', die in einem leuchtenden Kardinalrot blüht, die giftgrüne ‚Envy', die zu meinen Favoriten gehört, ‚Peppermint Stick', die an Zuckerstangen erinnert, und die kleine, buschig verzweigte weiß blühende Zinnie ‚Polar Bear'.

Ihren Namen bekam die Zinnie übrigens nach Johann Gottfried Zinn, der sie 1757 der Gattung *Rudbeckia* zuordnete. Carl von Linné stellte dann später fest, dass sie einer eigenen Gattung zuzuordnen sei und nannte sie Zinnie, zum Gedenken an den früh verstorbenen Johann Gottfried Zinn. Damit ist klargestellt, dass sämtliche Bemühungen, sie als „Cinnia" zu „latinisieren" und sie in das Reich von Mythos und Legende zu verweisen, in die Irre führen.

MEIN TIPP FÜR SIE:

Molinia, die Rose ‚Schneewittchen', *Ammi*, *Eryngium planum*, Anemone ‚Honorine Jobert' und die Zinnienmischung ‚Kalifornische Riesen'. Dazu Herbstastern in einem tiefen Violettblau. Gepflanzt wird im Verhältnis ein Teil Zinnien und ein Teil alle anderen Pflanzen. Und alles schön durcheinander pflanzen!

Tithonia

DIE MEXIKANISCHE SONNENBLUME

Und noch einmal Mexiko! Ich erinnere mich nicht mehr daran, wann ich sie zum ersten Mal sah. Ich glaube, es war in dem Garten „Le Rouge et Le Noir", den Professor Warda mit Studenten der Fachhochschule Osnabrück im Jahr 2001 in Ippenburg angelegt hatte. Dieser Garten war der Farbe Rot geweiht: von Feuerrot über Blutrot und Orangerot bis Rubinrot – ein Farbfeuerwerk voller Energie und Leidenschaft. Die *Tithonia* stand am oberen Rand eines künstlich aufgeschütteten Hügels und ich bemerkte sie eines Nachmittags, kurz vor einem heftigen Sommergewitter, weil sie vor dem dunkelgrauen, bedrohlichen Himmel wie eine chinesische Lackdose leuchtete. Farben wirken direkt und ungebrochen auf meine Seele. Im Anblick außergewöhnlicher Farbspiele entstehen in mir spontan und unreflektiert Gefühle der Lust, der Melancholie, des Triumphes, der Leidenschaft und manchmal sogar der Langeweile und des Zorns. Der Anblick der *Tithonia* vor der grauen Wolkenwand erfüllte mich mit Begeisterung und meine Freude an der Natur, an der Kraft und der Energie natürlicher Phänomene war grenzenlos. *Tithonia*, „Liebling der Aurora", der Göttin der Morgenröte! Sie gehört seitdem zu meinem festen Gartenrepertoire. In manchen Jahren hatte ich Schwierigkeiten, die richtige Sorte zu bekommen, es gibt kleinwüchsige oder „kleingezüchtete", die ich langweilig finde. ‚Torch' heißt für mich die Sorte der Wahl – in Deutschland ist sie unter dem Namen *Tithonia rotundifolia* ‚Fackel' erhältlich. In meinem Küchengarten steht sie neben dem Zinnienstreifen, in den Gärten und Rabatten stelle ich Zinnie und *Tithonia* jedoch weit auseinander. Die Ähnlichkeit zwischen beiden ist zu groß und sie „stehlen sich die Schau". Die *Tithonia* ist eine Solitärpflanze, man kann sie jedoch gut mit *Kniphofia*, Montbretie, feurigen Lilien, *Verbena bonariensis*, *Eryngium planum*, dunklen oder grauen Gräsern und anderen „willensstarken" Persönlichkeiten kombinieren.

MEIN TIPP FÜR SIE:

Spektakulär und ein bisschen verrückt: *Tithonia* ‚Torch' mit *Eryngium giganteum*, *Leymus arenarius*, *Macleay cordata*, „Stacheldrahtrose" *(Omeiensis pteracantha)*, Rose ‚Jacqueline du Pré', Sanddorn, *Kniphofia*, Montbretie und *Verbena bonariensis*.

Gibt es etwas schöneres als Wicken?

Duftende Wicken aus der
Mischung ‚Fragrant Ripples'

Wicke, Duftwicke, Edelwicke oder „wohlriechende Platterbse" – diese Übersetzungen bietet die deutsche Sprache für den lateinischen Gattungsnamen *Lathyrus odoratus* an. In England heißt sie „Sweet Pea", süße Erbse, was mir viel besser gefällt, weil es die ganze Poesie englischer Gartenladies mit bläulichem Haar, hellblauer Strickjacke und hellrosa Kopftuch vor meinem inneren Auge entstehen lässt. Auch der Singsang der englischen Upper-Class-Sprache, mit der die in Verzückung geratenen Damen von ihren Blumen schwärmen, als wären es ihre Katzen und Hunde oder gar Kinder, steckt in diesen zwei Worten, ebenso wie ihr Duft, ihre „Powderrooms", Tapeten und Bettüberdecken – einfach alles! Die „Sweet Pea" ist eine durch und durch englische und eine durch und durch weibliche Blume, soviel steht fest! Und weil sie so weiblich ist, fordert sie sehr viel Zuwendung und Aufmerksamkeit – man könnte sie fast kapriziös nennen. Es beginnt schon mit der Aussaat. Geschieht diese zu früh, braucht sie ewig, zieht man sie vor und pflanzt sie später an Ort und Stelle, nimmt sie es übel und weigert sich für ein bis zwei Wochen weiter zu wachsen. Sät man zu spät, wird es ihr zu heiß und sie kümmert. Blüht sie, will sie regelmäßig geschnitten werden, sonst treibt sie Früchte, eben die besagten Platterbsen, die man nicht einmal essen kann, und hört bald ganz auf zu blühen. Ich liebe Wicken mehr als alles andere, aber ich stehe auf Kriegsfuß mit ihnen. Das Problem ist, dass ich keine Blumensträuße schneide, um sie mir auf den Schreibtisch zu stellen, nicht zuletzt deshalb, weil dort gar kein Platz für Blumen ist. Außerdem liebe ich die Blumen im Freien und nicht im Haus! Aber die Wicke verlangt, dass ich sie schneide – und weil ich es nicht tue, straft sie mich mit einer maßlosen Produktion von Platterbsen und ihrem frühen Ableben!

MEIN TIPP FÜR SIE:

Die uralte Sorte ‚Matucana' ist meine Entdeckung der letzten Jahre! Sie hat einen sensationellen Duft und changiert in den Farben Königsblau und Violett. Hochelegant ist auch ‚Chatsworth'. Sie leuchtet in den Sorten ‚Himmelblau' und ‚Midnight' in einem tiefen, fast schwarzen Maronenbraun.

MEIN TIPP FÜR SIE:

Abgesehen vom Küchengarten, in den sie immer und egal an welcher Stelle wunderbar hineinpassen, kann man Strohblumen hier und da in die Sommerbeete einstreuen. Sie werden ihren solitären Charakter immer behalten, durch Gräser, Königskerzen, *Ammi* und *Reseda luteola* lässt er sich jedoch gut überspielen.

Strohblumen der ‚Roggli-Riesen-Mischung' dürfen im Küchengarten nicht fehlen.

Sommerliches Durcheinander mit Strohblumen in allen Farben.

Strohblumen

FAST VERGESSEN

Tatsächlich – ich hatte sie vergessen, diese gutmütigen, dicken Großmutterblumen. Erst im vergangenen Jahr habe ich sie wieder auf meine Aussaatliste gesetzt. Ob es damit zusammenhing, dass ich im vergangenen Jahr selbst Großmutter wurde? Könnte sein. Ist aber nicht so. Ich suchte im Saatkatalog nach *Helichrysum italicum*, dem Currykraut, das ich so liebe wegen seines starken, würzigen Dufts, und blieb bei *Helichrysum bracteatum* hängen, der Strohblume. Schon schwelgte ich in den Farben: goldorange, leuchtend rot, purpurviolett – und mit einem Mal spürte ich wieder das Knistern der Blütenknollen in den Fingern, hörte das Rascheln der Sträuße, die meine Mutter in dunkle Zimmer hängte, um sie an Winterabenden zu Kränzen zu stecken. Meine ganze Kindheit – der Garten, die Sandwege, die Johannisbeersträucher, die rauschenden und knarrenden Kiefern – all das stieg plötzlich vor meinen Augen auf. Die flimmernde Hitze des Mittags, das träge Muhen der Kühe und der Duft warmer Augustäpfel. Eine unstillbare Sehnsucht nach Sommer, Sonne und Farbenpracht erfasste mich an diesem dunklen, feuchten Novembernachmittag und meine Bestellliste wuchs ins Unermessliche. Von den Strohblumen bestellte ich gleich mehrere Packungen „Riesen-Mischung", weil ich mich nicht für eine oder zwei der angebotenen Farben entscheiden konnte. Ich säte einen breiten Streifen im Küchengarten aus und verteilte den Rest auf der Rosenspirale, zum Entzücken der Gartenbesucher, die, ähnlich wie ich, schon seit Jahren keine Strohblumen mehr gesehen hatten. Als Kind faszinierten mich die Strohblumen, weil ich nicht verstehen konnte, wie es möglich ist, dass eine Blume „vertrocknet auf die Welt kommt", wie ich es nannte, und dabei Blätter hat, die hellgrün, weich und saftig sind. Und seltsam finde ich es auch heute noch, nur wundert es mich nicht mehr, weil ich in den Jahren gelernt habe, dass die Natur noch viel seltsamere Phänomene hervorbringt als dieses.

Pas de Deux

IM SOMMERWIND

Mohn ist nicht gleich Mohn! Es gibt einjährigen, zweijährigen und Staudenmohn, aber leider gehen wir in unseren Gärten mit dieser Vielfalt unnötig sparsam um. Wir beschränken uns häufig auf den Staudenmohn, den Türkischen Mohn (*Papaver orientale*). Und auch dieser Mohn ist aus den meisten Gärten verschwunden, weil er sich dem Stil der pflegeleichten Dauergrünanlagen nicht unterwirft. Der Klatschmohn, *Papaver rhoeas*, wird allenfalls in Wildblumenwiesen geduldet, weil er durch seinen Hang zur Selbstaussaat ein unberechenbares Gefahrenpotenzial für den Gartenbesitzer darstellt. Dennoch gilt er als Inbegriff aller Naturutopien, gefördert durch die Malerei der Impressionisten. Der Marsch aus den Ateliers in die freie Natur kam einer Befreiung der Kunst gleich und manifestierte sich in der Lust an der Darstellung wildwachsender Wiesen. Seither sind diese Blumenwiesen und Mohnfelder als das Gute schlechthin tief in uns verankert und beflügeln unsere Wünsche und Sehnsüchte. Seltsam ist nur, dass so wenige Gärtner diese Wünsche heute in ihren eigenen Gärten verwirklichen. Am Angebot kann es nicht liegen.

Neben dem einfachen, nur drei Wochen blühenden hellroten *Papaver commutatum* bietet der Klatschmohn *(Papaver rhoeas)* eine enorme Vielfalt und blüht den ganzen Sommer über. Seine Blüten changieren in allen Farbschattierungen von Purpur und Mauve über Pastellrosa bis Weiß und tanzen im Sommerwind den Pas de Deux wie der Tutu einer Ballerina. In Deutschland sind die Sorten der ‚Shirley'-Serie, erhältlich, die rot, rosa, weiß und auch zweifarbig blühen, und ‚Mother of Pearl', deren rauchige Grautöne in den Nuancen Rosa, Purpur und Violett geheimnisvoll und dekadent erscheinen. In englischen Saatkatalogen ist das Angebot schier unerschöpflich und alljährlich kommen neue Vatianten hinzu. Besonders liebe ich die gefüllten Blüten von ‚Angels choir', die an die „Wolkenengelchen" der italienischen Renaissancemalerei erinnern, und die rauchigen halbgefüllten Blüten von ‚Cedric Morris', die nach dem walisischen Maler, Gärtner und Philosophen Sir Cedric Morris benannt wurden.

Einfacher Wiesenmohn *(Papaver commutatum)*

Weißer Mohn aus der ‚Angels-Choir-Mischung'

MEIN TIPP FÜR SIE:

Einjähriger Mohn wirkt am besten in möglichst „filigraner" Gesellschaft, zum Beispiel mit Jungfer im Grünen, *Stipa tenuissima*, *Godetia*, Kornblume, Glockenblume oder Akelei. Alle Farbspiele zwischen Pastell und Feurig sind möglich und die meisten der genannten Begleiter können sich durch ihren Sorten- und Farbreichtum auf die gewünschte Farbskala einstellen.

Eine Blumenwiese wird erst durch das Blau der Kornblumen richtig schön.

MEIN TIPP FÜR SIE:

Kornblumen sind „Landkinder", man sollte also darauf achten, dass sie in einer ländlichen Umgebung stehen, zwischen Gräsern, Mohn, Lein, Margeriten oder Lupinen.

MACHEN GLÜCKLICH

Kornblumen

Die Kornblume ist ein Ackerunkraut, das in der jüngeren Steinzeit zusammen mit Getreidesaatgut aus dem Mittelmeerraum in unseren Norden kam, und die „deutscheste" aller Blumen. Das hat seinen Ursprung in der „Kornblumenmanie", ausgelöst durch den preußischen Kaiser Wilhelm I., der in Erinnerung an seine früh gestorbene Mutter, Königin Luise, die Kornblume zur „preußischen Blume" erklärte. Eine Anekdote erzählt, daß Luise während der französischen Besatzung von zwei französischen Generälen gerügt wurde, weil sie sich Kornblumen ins Haar gesteckt hatte. Die Blumen seien preußisch-blau und damit eine unerlaubte patriotische Demonstration. Die kluge und schlagfertige Königin soll darauf geantwortet haben: „Seit Ihre Armee unsere Kornfelder zertrampelt hat, meine Herren, gehören die Kornblumen zu den seltenen Kostbarkeiten in Preußen!" Die Kornblume, deren Farbe das Blau der preußischen Uniformen versinnbildlichte, galt als Zeichen des Stolzes und des ungebrochenen Widerstandes. Dieser kleine Exkurs in die preußische Geschichte vermag aber über die irrationale und romantische Beziehung, die wir zu dieser Blume haben, nichts auszusagen. Auch die Tatsache, dass die Kornblume neben der Wegwarte als Vorbild für die „Blaue Blume" gilt, die durch den Dichter Novalis zum zentralen Symbol der Romantik wurde, ist nur ein Teil einer möglichen Erklärung, denn Wegwarte und Kornblume sind nicht mehr als zwei ganz gewöhnliche Ackerrandgewächse, schlichte und unbedeutende Feldblumen. Doch Blumen verkörpern das zyklische Wesen der Welt. Sie sind noch da oder aber wieder da, sie vergehen und kehren wieder, während das menschliche Leben ein Ende hat. Und Blau ist die Farbe von Himmel und Meer, die Farbe der Sehnsucht nach Unendlichkeit. Diese einfache blaue Feldblume versinnbildlicht den Traum des Menschen von einem kreatürlichen Leben im Einklang mit der Natur und weckt zugleich seine Sehnsucht nach dem Unendlichen. Oder anders ausgedrückt: Die Kornblume ist beides: Sehnsucht und Gegenwart – und wen wundert es da, dass Kornblumen glücklich machen?

Mohnsüchtig

Der Schlafmohn hat eine ganz eigene Magie. *Somnus* ist das lateinische Wort für Schlaf, daher auch der lateinische Name *Papaver somniferum*. In einer Kantate von Bach heißt es „Komm, oh Tod, du Schlafes Bruder". Das ist der Satz, der mir durch den Kopf geht, wenn ich den Mohn in meinem Garten betrachte. Es ist nicht der echte Schlafmohn, den ich alljährlich in vielen verschiedenen Farben in meinen Garten setze, obwohl sein Wuchs, seine Struktur und die Farbe seiner Blätter dem echten Schlafmohn zum Verwechseln ähnlich sehen. In Deutschland nennt man ihn auch „Bastelmohn" und „Gartenmohn", wobei Bastelmohn eine absurde Verniedlichung ist, die auf die Verwendung der getrockneten Mohnkapseln für floristische Zwecke zurückzuführen ist. Ich bestelle die Samen in England und lasse den Mohn in einer Gärtnerei vorziehen, denn der Samen ist sehr fein und das Vorziehen eine „Ameisenarbeit", wie ich es nenne, die viel Geduld und Geschick braucht, was nicht unbedingt zu meinen herausragenden Eigenschaften zählt. Neben den zahlreichen Sorten des *Papaver somniferum*, die wohlklingende Namen wie ‚Seriously Scarlet' oder ‚Violetta Blush' tragen, gibt es noch einige Sorten des *Papaver paeoniflorum*, deren Gestalt sowie Farbe und Struktur der Blätter dem Schlafmohn gleichen, deren Blüten jedoch an Pfingstrosen erinnern. ‚Black Peony' ist der absolute Star unter ihnen. Als ich diesen fast schwarz blühenden Mohn zum ersten Mal sah, war ich sprachlos und wie hypnotisiert. Konnte es so etwas geben? Als Kinder hatten wir manchmal Rosen oder Margeriten in schwarze oder blaue Tinte gestellt, um ihre Blüten einzufärben. ‚Black Peony' stand aber nicht in einer Vase, sondern unter freiem Himmel! Die Begegnung mit dieser Pflanze war der Beginn einer großen Leidenschaft – einer Leidenschaft für „schwarze" Blumen und einer vollkommen irrationalen Liebe zum Schlafmohn. Und wer einmal ‚Flemish Antique', ‚Violetta Blush' und ‚Burgundy Frills' im Morgendunst begegnet ist, wird verstehen, warum.

Geheimnisvoller Zauber von ‚Violetta Blush'

Auch die Bienen lieben ihn:
Mohn ‚Cherry Glow'

MEIN TIPP FÜR SIE:

Ein Beet mit ‚Black Peony' und Mohn ‚Applegreen', Wiesenkerbel ‚Ravenswing', Bronzefenchel, *Sedum telephium* ‚Mohrchen', Akelei ‚Black Barlow', ‚Chocolate Soldier' und ‚Green Apples'. Dazu *Stipa tenuissima* und grau-grün-weiß panachierte *Sedum* und *Iris*, umgeben von einer tiefpurpurroten Blutbuchenhecke – Magie in Schwarz-Weiß!

Blick über den ‚Gräsergarten (Petra Pelz 2006) mit *Gaura lindheimeri* und *Pennisetum* ‚Herbstzauber'

Blumen

WIE SONNENSTRAHLEN

Prachtkerze oder *Gaura lindheimeri!* Sie ist mit der Nachtkerze verwandt, stammt aus der Region zwischen den USA und Mexiko und genießt einen ambivalenten Ruf. Diese wunderschöne Pflanze wird ungefähr einen Meter hoch, hat eine filigrane, tänzerische Gestalt und blüht vom Frühsommer bis zum Herbst mit zarten weißen Blüten, die sich aus rosafarbenen Knospen entfalten und wie kleine Schmetterlinge an langen Stielen taumeln. Es gibt Gärtner, die sie aus ihrem Garten verbannen, weil sie nicht winterhart ist. Dann gibt es welche, die behaupten, dass sie zwar „prächtig" (so die Bedeutung des Gattungsnamens), aber auch lästig sei, weil sie sich so furchtbar ausbreitet. Was soll

Gaura im Morgentau

man nun als Laie davon halten? Nichts! Wenn es zwei so unterschiedliche Meinungen gibt, dann lohnt ein Versuch. Da *Gaura* aus einer warmen Region stammen, brauchen sie viel Sonne und einen Boden, der sich leicht erwärmt. Also, wie es in Pflanzanleitungen heißt: leichter, durchlässiger Boden und volle Sonne. Zur Sicherheit sollte man alljährlich ein paar Pflanzen aus Samen heranziehen oder in Staudengärtnereien bestellen. Auf sie verzichten sollte man aber keinesfalls. Bei mir hat *Gaura* in einem Rosen-Präriegarten, der in voller Sonne liegt, bereits zwei Winter überlebt. Ich schneide sie nach der Blüte zurück, damit sie sich neu bestocken kann, lasse aber die Gräser und alle anderen Stauden – auch die Rosen – in voller Höhe stehen. Das gibt ein wenig Schutz in harten Wintern, wobei gesagt werden muss, dass die letzten Winter eher verregnete Frühlings- oder Herbsttage waren. *Gaura*, die „Prächtige" mit dem hässlichen Anhängsel *lindheimeri*, ist eine heitere Blume mit der Aura eines Schmetterlings. Wer sie betrachtet, wird berührt von ihrer Leichtigkeit und Grazie. Es gibt Blumen, die wie ein Sonnenstrahl direkt in die Seele dringen. *Gaura* ist eine von ihnen.

MEIN TIPP FÜR SIE:

Auch *Gaura lindheimeri* braucht eine filigrane, feine Gesellschaft als Begleitung. Neben Gräsern eignen sich besonders der Bronzefenchel *Salvia uliginosa* mit leuchtend blauen Blüten, himmelblaue Skabiosen als Stauden oder Einjährige oder der leuchtend magentarote Storchenschnabel *Geranium psilostemon* ‚Patricia', dazu zarte, altmodisch wirkende Strauchrosen. Auch *Knautia*, *Sanguisorba* oder die herrlich duftende Sterngladiole passen gut zu *Gaura*.

Skabiosen

IN UNGEAHNTER VIELFALT

Scabiosa atropurpurea ‚Reinweiß'
und ‚Beaujolais Bonnets'

Skabiose kommt von dem lateinischen *scabies*, was „Krätze" bedeutet. Ein medizinischer Ratgeber aus dem 16. Jhdt. schreibt über die Pflanze: „Es haben die Scabiosenkreuter eine sonderliche reynigende und ablösende Krafft, deswegen es von erfahrenen Wundärzten für den Grindt, Reude, Schiebigkeit und alle verunreinigung der Haut, nützlich...." – nicht gerade appetitlich und anregend. Und obwohl ich ihre einstige Verwendung früher gar nicht kannte, spürte ich immer eine gewisse Abneigung gegen diese Pflanze, wobei ich das Wort eher mit „schaben" oder „Schabe" in Verbindung brachte, was dem Kern ja durchaus nahe kommt.

Erst im letzten Jahr habe ich die Skabiose lieben gelernt. Begegnet bin ich ihr schon 2005, als auf dem Pflanzplan von Christopher Bradley Hole die „schwarze" Skabiose ‚Chile Black' stand, die ich aus England kommen ließ, weil sie weder in Deutschland noch in den Niederlanden erhältlich war. Leider erlebte ich mit diesem Import eine herbe Enttäuschung: Die schrecklich teuren Pflanzen gingen entweder ein oder sie blühten hellviolett! 2006 hatte ich dann das Glück, Saatgut in England zu bekommen, das zwar einen anderen Namen trug, aber die richtige Farbe hatte. Ermutigt von dem Ergebnis – der Wüchsigkeit, Blühwilligkeit und Ausdauer – bestellte ich für 2007 das gesamte Spektrum der *Scabiosa atropurpurea* und hatte ‚Oxford Blue' neben ‚Salmon Queen', ‚Ebony and Ivory' und andere mehr in den Farben Weiß, Tizianrot, Blau, Himbeerrosa und Weinrot. Das Jahr 2007 wurde zum „Skabiosen-Jahr", und auch 2008 wird es wieder Skabiosen bei mir geben, denn jetzt bin ich auf den Geschmack gekommen. Dabei frage ich mich, warum diese vielen schönen Sommerblumen noch nicht den Weg in unsere Gärten gefunden haben, denn das Saatgut für die Garten- oder Purpurskabiose ist auch bei deutschen Saatlieferanten erhältlich. Mangelnde Verfügbarkeit kann also nicht der Grund sein.

MEIN TIPP FÜR SIE:

Rosen in Pastellfarben, Skabiosen in allen verfügbaren Farben, dazu *Ammi*, *Gaura*, weißen und hellgrünen Ziertabak, Astrantien, *Sedum telephium*, *Angelica* ‚Gigas', *Sanguisorba*, Bronzefenchel und das Gras *Deschampsia cespitosa*!

Nicht alle Stauden
bleiben treu

Als Stauden bezeichnet man „mindestens zweijährige, nicht verholzende Pflanzen", so schreibt die Royal Horticultural Society in ihrem Staudenhandbuch. Das Reich der Stauden ist nahezu grenzenlos, ihre Vielfalt schier unerschöpflich und die Tatsache, dass es für jeden Gartenbereich, für jede Gartengröße und für jeden Gartenstil die passende Staude gibt, ließ sie zum wichtigsten Gestaltungselement der Gartenkunst avancieren – zumindest in England. In Deutschland ist dagegen nach wie vor das bewährte Einerlei aus Sträuchern, Koniferen und Nadelhölzern tonangebend, nur hie und da aufgefrischt durch einjährige Beet- und Balkonpflanzen.

Die Staude braucht Zuwendung: Sie will mindestens einmal pro Jahr zurückgeschnitten werden. Manchmal möchte sie auch gestützt und angebunden werden, verlangt, dass man ihre Blütenköpfe entfernt und sie alle zwei bis drei Jahre teilt. Dann gibt es Stauden wie Astern, Monarden oder Rudbeckien, die sich ganz unverschämt im Garten breit machen. Sie wuchern. Sie bilden unkontrollierbare Wurzelausläufer oder vermehren sich durch Selbstaussaat. Wenn ein Gartenbesitzer vom „Wuchern" seiner Pflanzen spricht, schießt mir immer das Wort „Plantophobie" durch den Kopf, ein Begriff, den es zwar nicht gibt, der aber diese Urangst am besten umschreibt. Es ist das das Gegenstück zur „Plantomanie", zu der ich mich gern und ganz ungeniert bekenne. Als „Plantomane" habe ich viel mehr Sorge um all die Stauden, die sich nach ein, zwei Jahren heimlich, still und leise davonstehlen. Die Kokardenblume etwa ist eine von ihnen, aber auch *Centranthus*, *Erigeron*, *Veronica*, manche *Campanula*-Arten und viele andere, deren Verlust mir erst auffällt, wenn ich ihren Artgenossen in anderen Gärten begegne. Seltsam, denke ich dann, dich kenne ich doch. Wann hast du dich denn aus dem Staub gemacht?

MEIN TIPP FÜR SIE:

Besonders schön sind die Kokardenblumen *Gaillardia aristata* ‚Burgunder' und ‚Fackelschein'. In diesem Jahr habe ich ‚Razzle-Dazzle' und ‚Sundance' aus England ausgesät, zwei Kokardenblumen mit gefüllten, kugeligen Blüten in schillernden zweifarbigen Schattierungen von Creme über Orange, Gelb bis Rubinrot. Ein tolles Schauspiel, von dem ich nicht weiß, ob es im nächsten Jahr ein Revival erlebt!

Kokardenblumen aus der ‚Razzle-Dazzle-Mischung' im Garten „Prairie de Roses"

In magischem Purpur: Staudenmohn ‚Patty's Plum'   Ein fantastisches Blau: Rittersporn aus eigener Saat

FORDERND UND ANSPRUCHSVOLL

Mohn, Rittersporn und Phlox

Der Rittersporn ist ein „Rosenkavalier". Rote Rosen, dunkelblauer Rittersporn und dazu noch ein paar Pfingstrosen – das ist das klassische aristokratische Einmaleins. Rittersporn zählt zu den Solitärstauden, er ist dominant und ausgesprochen männlich. Dieser männliche Charakter findet auch in den Sortennamen seinen Ausdruck: ‚Galahad', ‚Faust', ‚King Arthur', ‚Nimrod' – so und ähnlich heißen die Respekt einflößenden Herren, die alles, was um sie herum wächst und blüht, zum Fußvolk erklären. Unterstützt wird dieser dominante Charakter noch durch die herkömmliche Methode, große Gruppen einer Sorte zusammenzupflanzen. Ich ziehe es vor, die massive Wirkung des Rittersporns aufzulösen, indem ich ihn einzeln zwischen Gräser, Rosen, Einjährige und Stauden setze, die sich durch einen robusten, naturhaften Charakter auszeichnen. Ähnlich verfahre ich mit den beiden anderen „Solisten", Staudenmohn und Phlox. Die klassische Art, den Phlox zu pflanzen, ist die Bildung großer „clumps" und „cluster" in jeweils einer Farbe und Sorte. Eine massive Eintönigkeit und Unnahbarkeit geht von diesen Phloxbeeten aus, obwohl ich zugeben muss, dass es für die Fernwirkung wie für die Intensität des Dufts die beste Methode ist. Da ich jedoch der direkten sinnlichen Erfahrbarkeit eines Beetes den Vorrang einräume, die durch eine gelungene Verbindung von Farbe, Form, Rhythmus,

MEIN TIPP FÜR SIE:

Rittersporn sieht wunderbar aus mit der grauen Kardone *(Cynara cardunculus)*. Phlox liebe ich als "Wiese" mit Gräsern, und den leuchtend roten Staudenmohn ‚Beauty of Livermeere' setze ich zusammen mit dem weißen ‚Perry's White', mit roten und weißen Lupinen und weißen Margeriten. Dazwischen kann man große Mengen *Hemerocallis* setzen, die nach der Mohnblüte das "Kommando übernehmen".

Phlox aus eigener Anzucht zwischen *Panicum* ‚Hänse Herms'

Struktur und Duft erreicht wird, ziehe ich es vor, auch den Phlox einzeln zwischen Gräser, Rosen und andere Sommerblumen zu setzen, selbst wenn ich damit meinem großen Vorbild, Vita Sackville West deutlich widerspreche. Für sie war die "richtige Art, Phlox zu setzen: in ein kühles, gegen Norden gerichtetes Beet, ganz allein, mit nichts anderem gemischt. So sieht er am besten aus, dicht zusammengepflanzt…." (Vita Sackville West, In your Garden). Der Mohn ist der Dritte im Bunde der Anspruchsvollen: ‚Beauty of Livermeere' ist mein absoluter Favorit, denn er hat das prächtigste Rot. ‚Black and White' ist hochelegant und ‚Patty's Plum' so wunderbar dekadent. Ich habe mindestens sieben Sorten, in allen Schattierungen von Weiß über Rosa bis Feuerrot. Grundsätzlich bin ich jedoch der altmodischen Meinung, ein Mohn müsse rot sein. Weil der Schwund bei mir sehr groß ist, vielleicht, weil es zu feucht ist, oder zu dicht und eng bepflanzt, säe ich in jedem Jahr einige Sorten neu aus. Das Saatgut von den eigenen Pflanzen nehme ich in kleinen Mengen, nur zum Vergnügen, denn es "fällt nicht echt", das heißt, die Chance, die richtige Sorte zu bekommen, ist gering. Ich kaufe Saatgut im Fachhandel, denn das ist geprüft und meistens zuverlässig.

Im Gegensatz zu Phlox und Rittersporn kann ich mir den Staudenmohn auch sehr schön als eine große feuerrote Fläche vorstellen. Seine Eigenschaft, nach der Blüte vollkommen zu verschwinden, in der Fachsprache nennt man das "einziehen", ist jedoch ausgesprochen unerfreulich. Kaum verblüht, bildet er eine amorphe braune Masse, um dann schließlich ganz unsichtbar zu werden und riesige Lücken im Beet zu hinterlassen. In einem gemischten Beet kann man versuchen, diese Lücken mit Katzenminze oder Frauenmantel, den klassischen "Lückenfüllern", zu schließen, aber das ist kurzsichtig geplant, denn auch diese müssen nach der Blüte zurückgeschnitten werden. Die Ideallösung für Mohn habe ich noch nicht. Das hindert mich jedoch nicht daran, ihn im großen Stil auf die Staudenbeete zu verteilen. Er ist eine "Stimmungskanone", ein gut gelaunter Optimist, während Rittersporn und Phlox die Arroganz und Melancholie eines Gentleman und Dandys ausstrahlen.

NICHT NUR IM BLUMENSTRAUSS

Thalictrum, Fenchel und Macleay

Wer einen Blumenstrauß pflückt, um ihn zu verschenken oder als Tischschmuck für ein Festessen zu verwenden, weiß, wie wichtig filigrane, luftige, meist unscheinbar blühende Füllpflanzen und Gräser sind. In der Floristik begann in den Fünfzigern die steile Karriere des Spargelkrauts, ein absolutes „Muss" in jedem Blumenstrauß, das bestenfalls hier und da durch Schleierkraut und, wenn man Glück hatte, durch Frauenmantel ersetzt wurde. Heute herrscht die Unsitte, vertrocknetes Gestrüpp – mal in natürlichem Braun, zuweilen auch weihnachtlich gold oder herbstlich bunt – in den Strauß zu stecken oder aber hineinzuwickeln, sodass es scheint, als habe ein Vogel sein Nest verlassen, noch ehe es fertig war. Diese „künstlichen", aber lange haltbaren Blumengestecke, in denen die einzelnen frischen Blumen wie verloren wirken, gleichen den zeitgenössischen pflegeleichten „Dauergrünanlagen", den Vor- und Hausgärten – eine Mischung aus Kirschlorbeer, Koniferen, *Cotoneaster* und Zwergrhododendron, in die zuweilen Rosen und Stauden und im Sommer als Farbfleck Balkonblumen gesetzt werden und in denen einzelne mächtige Pampasgräser ihre riesigen, weißen Schweife zur Schau stellen. Haltbare Sträuße, pflegeleichte Gärten – Friedhofsstimmung allerorten. Wo bleibt die Poesie, die Kunst, die Lust, die „ganze Blumenseligkeit und das Gartenglück", wie es Karl Foerster angesichts der auch schon zu seiner Zeit immer langweiliger und stereotyper werdenden Gärten forderte? Dabei wäre es so einfach! Fort mit dem dauergrünen gesichtslosen Zeug! Wer auf Immergrünes nicht verzichten möchte, wähle Buchs und *Taxus*, zu geometrischen Formen geschnitten, und pflanze dazu Rosen, Stauden und Sommerblumen und jede Menge Fenchel, *Thalictrum* und *Macleay*, *Knautia*, *Eryngium*, *Sanguisorba* oder *Achillea* und natürlich Gräser!

MEIN TIPP FÜR SIE:

Besonders schön sind die Schafgarben ‚Lachsschönheit', ‚Summer Pastells' und ‚Colorado', die Edeldisteln *Eryngium planum* ‚Blaukappe' und *Eryngium yuccifolium*, *Sanguisorba menziesii* und *Sanguisorba tenuifolia* ‚Alba', *Thalictrum flavum* ssp. *glaucum* und *Thalictrum rochebrunianum*.

Ton in Ton: *Macleya cordata* und
Schafgarbe der ‚Summer-Berries'-Serie

Der Ziertabak *Nicotiana* ‚Lime Green'
auf der Rosenspirale

MEIN TIPP FÜR SIE:

Eine ganz verrückte Mischung: *Reseda luteola* mit *Monarda* ‚Gardenview Scarlet', *Nicotiana* ‚Lime Green', Jungfer im Grünen ‚Oxford Blue', hellgelben und weißen Lupinen und der Kordes-Edelrose ‚Speelwark'.

GRÜNE MAGIE

Ziertabak, Reseda *und* Frauenmantel

Auch diese drei sind sowohl für die Zusammenstellung von Sträußen als auch für die Gestaltung schöner Sommerbeete unentbehrlich. Ich spreche hier nicht von *Reseda odorata*, der duftenden Resede, die durch das „Allerseelen-Gedicht" der Biedermeierzeit bekannt wurde. Der erste Satz wurde zum Inbegriff biedermeierlicher Innerlichkeit und Blumenromantik: „Stell auf den Tisch die duftenden Reseden, die letzten roten Astern trag' herbei, und lass uns wieder von der Liebe reden, wie einst im Mai, wie einst im Mai!" (Hermann von Gilm 1812–1864). Zugegeben, ich habe einen Hang zu poetischem Kitsch. Deshalb säte ich diese „duftenden Reseden" auf der Rosenspirale aus. Die Pflanze, die aus dem Saatgut emporwuchs, hatte jedoch leider absolut keinen Duft. Sie wurde einen Meter hoch, wuchs sehr verzweigt, fast „unordentlich", und hatte unscheinbare grünlich-gelbe Blütenähren, deren Form dem Knöterich ähnelten. Damit entsprach sie nicht gerade meinem Bild von Poesie und Duft – ich war enttäuscht und strafte sie mit Nichtachtung. Einen zweiten Versuch, die „duftenden Reseden" in meinen Garten zu holen, machte ich nicht. Ich vermutete, die modernen Pflanzen hätten keinen Duft, wie so viele andere moderne Züchtungen alter Arten, und hielt das Kapitel zunächst für beendet. Als sie im nächsten Jahr wieder kam, riss ich sie nicht heraus. Es rührte mich, dass diese von mir so missachtete Pflanze es geschafft hatte. Als sie allerdings im dritten Jahr noch kräftiger und größer wurde, forschte ich in meinen Büchern nach der Ursache. Ich hatte *Reseda luteola* ausgesät, auch „Färberwau" genannt, die als zweijährig und kurzlebig gilt, was ich jedoch nicht bestätigen kann. Allmählich fand ich Gefallen an ihr. Zwischen den Edelrosen, die in Bonbonfarben von Tiefrot, über Orange und Gelb bis leuchtend Weiß auf der Rosenspirale in buntem Durcheinander blühen, wirkten ihre grünlich-gelben hellen Blüten und ihre leuchtend grünen Blätter ausgleichend und beruhigend. So entdeckte ich durch Zufall die „grüne Magie" und deren fast alchemistische Wirkung, die ich fortan durch den Ziertabak ‚Lime Green', Wolfsmilcharten wie *Euphorbia characias* ssp. *wulfenii*, den Fingerhut *Digitalis lutea*, die Zinnie ‚Envy', die Muschelblume *Moluccella laevis* und natürlich durch den wunderbaren Frauenmantel zu erzielen versuche.

Die Indianernessel hat das schönste Rot!

Meine Leidenschaft für die Indianernessel *(Monarda),* begann mit dem Garten „Rot, Rot, Rot!", den die Staudenzüchter Peter und Bärbel zur Linden als Hommage an den Maler Emil Nolde für das Festival 2005 im Ippenburger Heckenlabyrinth angelegt hatten. Dort standen die feurigen Monarda ‚Squaw' und ‚Gardenview Scarlet' zwischen *Helenium, Hemerocallis,* Staudenmohn, Phlox, Zinnien, Dahlien, Gladiolen, Löwenmaul, dunkelroter Kapuzinerkresse, Brennender Liebe und den leuchtend roten Kelchen der Lilie ‚Blackout'. Das Gemälde „Der große Mohn" hat Emil Nolde 1942 im Zustand des „inneren Exils " auf seinem Hof in Seebüll gemalt – fünf Jahre, nachdem die Nationalsozialisten über tausend seiner Bilder als entartet beschlagnahmt und ein offizielles Malverbot erteilt hatten. Neben den Titel „Der große Mohn" setzte er die Worte „rot, rot, rot!", die wie ein Aufschrei der Wut und Verzweiflung, der leidenschaftlichen, aber ohnmächtigen Auflehnung klingen.

Bilder und Gärten können Gefühle ausdrücken und vermitteln. Die Indianernessel ist durch ihr Farbspektrum, das sich zwischen Weiß, Rosa, Mauve, Zinnoberrot und tiefem Dunkelviolett bewegt, durch ihre quirligen, immer etwas in Aufregung flatternden und zerfransten Blütenblätter und durch ihre vitale Wuchsfreudigkeit ein wichtiges Instrument zur Erzeugung von Stimmungen im Garten. Wenn vor grauem Gewitterhimmel die purpurrote *Monarda* ‚Gewitterwolke' geheimnisvoll leuchtet, ihre mauvefarbene Schwester träge in der Mittagshitze döst oder die feuerrote ‚Squaw' im Morgendunst lustvoll schimmert, vermag die Indianernessel ein ganzes Beet in Leidenschaft und Lust oder auch in abwartende Ruhe zu verwandeln.

Maler und Gärtner erschaffen durch Farbe, Form und Struktur Gefühlswelten, die sich auch dem unvoreingenommenen Betrachter erschließen. Beide sind sie Künstler und nicht selten sind sie es in einer Person, wie die wohl bekanntesten unter ihnen, Emil Nolde und Claude Monet, eindrucksvoll gezeigt haben.

Die Lilie ‚Gran Paradiso' mit der
Indianernessel ‚Gardenview Scarlet'

MEIN TIPP FÜR SIE:

Monarda ‚Squaw' oder ‚Gardenview Scarlet' mit der feuerroten Lilie ‚Blackout', Monbretien, blauen und weißen *Agapanthus*, der Harkness-Rose ‚Julie Y' und der Kordes-Rose ‚Marie-Luise Marjan'. Als „Farbpuffer" *Foeniculum vulgare* und *Reseda luteola* großzügig dazwischenpflanzen.

Fingerhut ‚Snow Thimble' mit *Macleay cordata* und *Thalictrum flavum* vor den dunklen Blättern des „schwarzen" Holunder

MEIN TIPP FÜR SIE:

Schwarzer Holunder als Hintergrund für die dunkellaubige Silberkerze *Cimicifuga (Actaea) atropurpurea*, *Ligularia dentata* ‚Dark Beauty' oder ‚Britt Marie Crawford' und *Sedum telephium* ssp. *Atropurpureum* mit der Rose ‚Gloria Dei', *Thalictrum flavum* ssp. *glaucum* und weißem Fingerhut.

Schwarzer Holunder *IST SO ELEGANT*

Mein erster schwarzer Holunder stammt aus dem „Nachtbeet" des Paradiesgärtleins, den die Künstlerin Feodora Hohenlohe aus Berlin im Jahr 2004 für einen Garten des Heckenlabyrinths entworfen hatte. Ein „schwarzes" Beet lag auf der einen Seite des schmalen Kanals, ein hellgrünes auf der anderen Seite. „Männlich und weiblich, Tag und Nacht, hell und dunkel, Mars und Venus, Krieg und Frieden. Unvereinbare Gegensätze auf immer und ewig? Gibt's kein Paradies, so gibt's doch Paradiese!" Diese Worte standen in blauen leuchtenden Lettern auf einem Tisch, der den Kanal überspannte und von dem Blau-Lobelien in Kaskaden herabhingen. Auf dem Tisch lag inmitten des blauen Blumenmeers ein halbierter riesiger vergoldeter Apfel aus gebranntem Ton. „Ich bau' mir meine Brücken und pflanze die Blaue Blume darauf. Serviert wird der alte Zankapfel – vergoldet von Freya und redlich geteilt!" Bei diesem Garten handelte es sich, wie bei den meisten Gärten des Heckenlabyrinths, um einen temporären Garten, der unter einem bestimmten Motto für nur eine Saison erhalten bleibt. Im September, nach dem Herbstfestival, werden die Pflanzen dann auf verschiedene Beete verteilt. Für den schwarzen Holunder gab es keinen passenden Platz. Er wanderte ziellos umher, wurde durch das ständige Umpflanzen immer wieder am Wachstum gehindert und sah dadurch entsprechend erbärmlich aussah. Schließlich gab ich ihm eine letzte Chance und setzte ihn im Frühjahr 2006 an den Rand des Austin-Rosengartens, wo ich ihn vom Schreibtisch aus sehen konnte. Seltsamerweise begann er plötzlich zu wachsen, bekam kräftige, tief purpurrote Blätter und erblühte im Frühjahr 2007 mit wunderschönen hellvioletten Blütendolden. Ich traute der Sache nicht, dachte, es könne ein letztes Aufbäumen vor dem endgültigen Ende sein und schnitt vorsichtshalber ein paar Stecklinge, die alle innerhalb weniger Wochen zu kräftigen Pflanzen heranwuchsen. Mein erster Holunder scheint nun also seinen Platz gefunden zu haben. Manchmal braucht es eben seine Zeit. Heute bildet er einen vornehmen Hintergrund für das zierliche hellgelbe *Thalictrum*, den prächtigen weißen Fingerhut ‚Snow Thimble' und die wunderschöne Austin-Rose ‚Wildeve'.

Echinacea

TREU, BESTÄNDIG UND AUCH IM VERBLÜHEN SCHÖN

Es vergingen Jahre, bis sie mir gefiel. Ihr Name erinnerte mich zu sehr an Arznei. „Nimm Echinacea", hieß es in meinem Elternhaus schon bei dem leisesten „Anflug". Dieses Wort stammte von meiner alten Tante Hedwig, einer klassischen alten Jungfer, und meine stereotype Antwort war immer: „Wenn der ‚Anflug' da ist, ist es zu spät – man muss es vorbeugend nehmen". Das Wort „vorbeugend" hatte immer einen bedrohlichen Unterton, wie das Schnarren eines fallenden Visiers, das jeden Widerspruch zwecklos macht. Für mich war die Pflanze mit der Erinnerung an bittere Medizin und gut gemeinte, aber lästige Ratschläge behaftet. Das Synonym für *Echinacea – Rudbeckia –*, aber auch den deutschen Namen „Roter Sonnenhut" fand ich äußerst unpoetisch, und das verwaschene, stumpfe Violett der Blütenblätter gehörte zu meinen Hassfarben. Nur der orangebraune Kegel in der Mitte gefiel mir. In der Morgensonne schimmert er manchmal wie ein Rubin. Und wie es zuweilen bei einem Menschen geschieht, an dem man mit wachsender Sympathie nur noch die schönen Seiten sieht, so nehme ich jetzt an dieser Staude, deren hölzernen Namen ich bewusst nicht ausspreche, vor allem ihr oszillierendes goldrotes Farbenspiel des Blütenkegels wahr. Admiral und Pfauenauge setzen sich besonders gern auf die im Verblühen immer dicker, stacheliger und schöner werdenden Köpfe, als wüssten sie, dass sie sich „Ton in Ton" mit ihrem Landeplatz befinden. Neuerdings kommen aus Amerika via Holland ganz phantastische Züchtungen: ‚Sunset' hat feurig orangerote Blütenblätter, die mit dem orangebraunen Kegel ein sinnliches Farbenspiel bilden, während ‚Sunrise' gelblich-grün ist. Und in der „Warteschleife" der Züchter stehen bereits weitere phantastische Farbvariationen. Eine neue Leidenschaft ist erwacht! Und „Sunset" und „Sunrise" klingen ja auch schon viel netter als „Echinacea".

Der rubinrote Kegel in der Mitte der Blüte bildet mit den pinkfarbenen Blütenblättern ein eindrucksvolles Farbenspiel.

MEIN TIPP FÜR SIE:

„Luftige" Gräser und so viele Echinaceaarten, -farben und -neuzüchtungen, wie Sie bekommen können! Dazu verschiedene Fackellilien *(Kniphofia)*, *Verbena bonariensis*, dunkellaubige Dahlien, sowie die Dahlien ‚Rock & Roll', ‚Arabian Nights', ‚Chat Noir' und ‚Dark Desire', die Rosen ‚Ghislaine de Féligonde', ‚Pretty Sunrise' und ‚Aicha', dazu *Rudbeckia* ‚Green Wizzard' und die Nachtkerze ‚Black Magic'.

Die duftende einjährige Lupine ‚Sunrise' mit *Reseda luteola*, genannt „Färberwau"

MEIN TIPP FÜR SIE:

Neben den prächtigen Russel-Hybriden, die es in allen Farbnuancen von Dunkelviolett bis Reinweiß gibt, sowie den herrlichen zweifarbigen Mischungen, liebe ich besonders die Einjährigen: die Lupine ‚Sunrise', deren azurblaue Blüten weiße, goldene und bronzefarbene Schattierungen haben, ‚Blue Bonnet' mit zweifarbigen königsblau- rosaweißen Blüten und die duftenden ‚Dwarf Fairy Pink'.

Die Lupine

IST KEINE STRASSENBLUME!

Das lateinische Wort „Lupus" bedeutet Wolf. Deshalb wurde die Lupine in alten Zeiten oft auch „Wolfsbohne" genannt wurde. Tatsächlich kommt ihr Name aber vom griechischen hýpe, was soviel wie „Gram" oder „Kummer" bedeutet und sich auf die für Menschen unverträglichen Samenkörner der Lupine bezieht. Die „Mutter" unserer prächtigen Gartenlupinen, deren gezielte Züchtung eigentlich erst 1935 durch den englischen Gärtner George Russell begann, ist die *Lupinus polyphyllus*, die wild an Straßenrändern und Böschungen wächst oder im Forst als Wildfutter verwendet wird. Lupine, Türkischer Mohn und Iris – dieses heitere Trio ist der Inbegriff des Frühsommers. Aber warum fehlen diese Blumen dann in unseren heutigen Gärten? Ganz einfach: Die Lupine gilt als gartenunwürdig, weil sie „an der Straße steht" und nicht zu den „UCF" gehört, den „upper class flowers", wie es in England heißt. Ich liebe zwar den angelsächsischen Humor und seine Ironie, doch dieser Ausdruck macht mich rebellisch, denn er ist borniert, antiquiert und einfach inakzeptabel. Ein Relikt aus dem 19. Jahrhundert, das Pflanzen wie *Hosta*, Päonie, Hortensie, Fuchsie, *Agapanthus*, Lavendel und Rose favorisierte, all die schönen Sommerblumen aber aus dem Ziergarten verbannte und in den Schnittblumen- und Küchengarten verwies. Zum Glück wurde dieser Purismus inzwischen durch den neuen englischen Gartenstil, der die Sommerblume wieder zurück in den Garten holte, verdrängt. Dennoch verblieben Reste dieses Gedankenguts bis heute in den Köpfen und beeinflussen englandverliebte Gartenladies in Deutschland, die es immer noch als Sakrileg empfinden, einfache Feld- und Wiesenblumen in ihr Gartenrepertoire aufzunehmen, auch wenn sie durch Züchtung längst zu „richtigen" Gartenblumen geworden sind. Denn die Lupine hat alles, was eine Blume wertvoll und schön macht: grenzenlose Farbvielfalt, eine kräftige Statur und einen eleganten, vornehmen Duft.

WACHSEN SIE AM STRASSENRAND

...in Cornwall

„Was hat ein Gärtner zu reisen? Ehre bringt's ihm und Glück, wenn er sein Gärtchen versorgt." Selbstverständlich hat Goethe recht und spricht mir aus dem Herzen – nie würde ich auf den Gedanken kommen, zwischen März und November zu verreisen. Nur schade, dass Gartenreisen zwischen Dezember und Februar, zumindest in Europa, wenig sinnvoll sind. Als ich vor mehr als dreißig Jahren Ende Februar nach England fuhr, um Gärten zu besichtigen, wunderte man sich sehr über den Zeitpunkt, den ich für die Gartenreise gewählt hatte. „What will be out?" fragte sich die Gesellschaft am Frühstückstisch. „Daffodils might be out", war die ironische und wenig ermutigende Feststellung, die einer der Gäste schließlich äußerte.

Mein „Gärtchen" hatte mit dem Zeitpunkt der Reise nichts zu tun, denn das hatte ich damals noch nicht. Mein Interesse am Garten galt allein der Gartenkunst. Blumen interessierten mich nicht, dennoch blieb das Gespräch am englischen Frühstückstisch unvergessen. Erstens, weil es mir äußerst peinlich war, auf einem unter kunsthistorischen Aspekten wichtigen Gebiet als Laie entlarvt zu werden, und zweitens, weil ich in diesem Moment begriff, dass Gartenkunst etwas mit Blumen zu tun hat und dass es Menschen gibt, die ernsthaft darüber nachdenken, welche Blumen gerade blühen und welche nicht. Mein Interesse war geweckt, bis zur echten Gartenleidenschaft war es allerdings noch ein weiter Weg.

Heute habe ich ein "Gärtchen" und wenig Zeit zum Reisen, aber in diesem Jahr habe ich es endlich geschafft, mitten im Sommer eine Kurzreise nach Cornwall zu machen, um Heligan und das Eden-Project zu besuchen, ein Mekka für Gartenenthusiasten aus aller Welt. „Da wachsen die Montbretien wild am Straßenrand" hatte meine Mutter mir vorgeschwärmt, als sie vor einigen Jahren aus Cornwall zurückkehrte. Und da ich Ende Juli reiste, habe ich sie selbst gesehen – diese herrlichen feuerroten Blütenähren, die in leuchtenden Bändern an Wegen und Straßen stehen. Mein Entschluss, sie im nächsten Jahr in großem Stil zu pflanzen, steht fest, und da es inzwischen auch winterharte Sorten gibt, wie zum Beispiel *Crocosmia* ‚Luzifer', ist die Chance groß, dass die Montbretie künftig auch in Ippenburg in der ihr angemessenen Fülle erblüht.

MEIN TIPP FÜR SIE:

Rote Lilien ‚Blackout' oder ‚Gran Paradiso' mit Montbretien, *Leymus arenarius* und Kardonen, Nachtkerze ‚Sunset Boulevard', rankender roter Kapuzinerkresse und *Echinops bannaticus* ‚Blue Glow'.

„Leuchendrot bis saturnrot" beschreibt der Katalog die Blüte dieser Montbretie *Crocosmia masonorum*.

Agapanthus, ganz konventionell in Kübeln, vor dem Ippenburger Schlossportal

Großzügige *Agapanthus*pflanzung an den Hängen des Eden-Project in Cornwall

MEIN TIPP FÜR SIE:

Agapanthus mit niedrigem *Miscanthus-Gras*, *Helenium* ‚Moerheim Beauty', weißen Kosmeen, *Cosmos bipinnatus* ‚Purity', ‚Sonata White' oder ‚Psyche White', dazu die Rose ‚Schneewittchen' – sehr vornehm!

DAS KÖNIGLICHE BLAU DER

Agapanthus africanus

Über die fehlende Poesie vieler deutscher Blumennamen habe ich schon gesprochen. Meistens handelt es sich um wörtliche Übersetzungen lateinischer botanischer Namen und oft enthalten sie die Namen der Entdecker oder derer, die sie in Europa einführten. Viele deutsche Namen gehen mir einfach nicht über die Lippen, wie zum Beispiel „Schmuckkörbchen" für *Cosmos*, „Indisches Blumenrohr" für *Canna*, „Gelenkblume" für *Physostegia*, „Flockenblume" für *Centaurea*, „Berufkraut" für *Erigeron*, „Wickelwurz" für *Bergenia* oder „Prachtspiere" für *Astilbe*. Es gibt aber auch sehr schöne poetische und geheimnisvolle Namen, wie zum Beispiel Tausendschönchen, Vergissmeinnicht, Brennende Liebe, Tränendes Herz, Löwenmaul, Himmelsleiter und Jungfer im Grünen.

Agapanthus würde wörtlich übersetzt „Liebesblume" heißen, abgeleitet aus dem griechischen *agápe* – Liebe und *ánthos* – Blume. Genannt wird sie jedoch Schmuck- oder Blaulilie, weil sie den Liliengewächsen zugeordnet wird und meistens blau blüht.

Die Heimat der *Agapanthus* ist die Südspitze Afrikas, das Kapland. Bei uns ist sie nicht winterhart und wird deshalb meistens in Kübeln gehalten, aber während meiner Cornwallreise konnte ich sie an den grünen Steilküsten in großen Mengen vor blauem Himmel und noch blauerem Meer bewundern. So werden sie auch die Holländer gesehen haben, als sie Anfang des 17. Jhdts. auf der Rückfahrt von Ostindien in den Häfen des Kaplandes Halt machten; sie waren auch die Ersten, die sie nach Europa mitbrachten. Im viktorianischen England wurde sie zu einer beliebten Kübelpflanze, und auch ich hielt sie bis zu diesem Jahr in Kübeln. Seitdem ich sie jedoch in Cornwall zwischen Hortensien, Fuchsien und Gräsern erlebt habe, lässt mich die Idee, sie auch bei mir in einem sonnigen Beet in großen Mengen zu pflanzen, nicht mehr los. *Agapanthus*, die Liebesblume – sie hat wirklich ein eigenes Beet verdient!

MEIN TIPP FÜR SIE:

Kombinieren Sie die Kermesbeere mit der Rose ‚Ghislaine de Féligonde' – ein wunderschönes Paar!

Die Kermesbeere

HAT EIN VOGEL GEBRACHT

Eines Tages stand neben meiner Terrassentreppe eine Pflanze, die ich noch nie gesehen hatte. Aus sattgrünen, etwas rauhen Blättern entwickelten sich kräftige Stiele, und wunderschöne weiße Blütenkerzen verwandelten sich in tief purpurrote, fast schwarze Beerenkolben, die von den Vögeln fleißig leergepickt wurden. Nach dem ersten Frost sank sie als braungelbe glasige Masse in sich zusammen und verschwand. Ich hielt das Gastspiel für beendet, doch im nächsten Jahr stand sie wieder da – grün und frisch und kräftig. Ich durchsuchte die Abbildungen meiner Gartenbücher, ohne einen Hinweis auf die Pflanze zu finden. Schließlich fragte ich eine Apothekerin, die gekommen war, um verschiedene Blumensamen zu sammeln. „Das ist eine Kermesbeere" sagte sie, „früher färbte man Rotwein mit den roten Beeren. Und wenn man eine hat, hat man bald Hunderte. Den Samen bringen die Vögel mit und verteilen ihn über den ganzen Garten." Das ließ mich frohlocken. Die Pflanze begeisterte mich und ich wollte unbedingt mehr davon haben.

Da es nicht gelang, den Samen zu ernten, hoffte ich auf die Arbeit der Vögel. Ungefähr drei Jahre musste ich warten – es blieb bei der einen Pflanze. Im vierten Jahr war es dann endlich soweit: An verschiedenen Stellen meines Gartens entdeckte ich die kleinen Pflänzchen. Für die Besucher, die zu den Festivals und an den Sonntagen meinen Garten besichtigten, gab es bald nur noch eine Frage: „Wie heißt diese Pflanze mit den weißen Blütenkerzen?", und etwas später: „Wie heißt die Pflanze mit den dunklen Beeren? Bekommt man sie in Gärtnereien?" Auch in Briefen wurde ich gefragt: „Ich habe bei Ihnen die Kermesbeere gesehen. Leider bekomme ich sie in keiner Gärtnerei. Wo kann man sie kaufen?" Ich antwortete: „Wenn sie das nächste Mal kommen, gebe ich Ihnen einen Sämling mit. Ich habe sie nicht aus einer Gärtnerei – ein Vogel hat sie mir gebracht!"

Die Vögel fressen die dunkelroten Beeren, aber auch der zurückbleibende Strunk sieht noch wunderschön aus.

Wildes *Erigeron* mit Fenchel, Nachtkerzen und Zinnien

MEIN TIPP FÜR SIE:

Sie dürfen weder Kontrollfreak noch Sauberkeitsfanatiker sein –
sonst kommen Sie nie in den Genuss der „schönen Wilden"!

Rote Melde und Zichorie – eine fantastische Farbkombination, durch Zufall entstanden

Borretsch, auch „Gurkenkraut" genannt – nicht nur Futter für Hummeln

Die „schönen Wilden"

Ich sollte mit der Goldrute beginnen – eine meiner ersten zuverlässigen Blumen. Ich hatte sie nicht gekauft, sie war einfach da und bald war sie überall. Das war vor ungefähr 30 Jahren. Als jemand behauptete, die Goldrute sei ein furchtbares Unkraut, das aus Amerika nach Deutschland gekommen sei, war ich sehr verärgert. Ich war so stolz auf sie. Heute reiße ich sie allerdings fast überall heraus und lasse sie nur an ganz wenigen Stellen stehen. Mit Dost ist es ähnlich. Auch ihn begrüßte ich anfangs begeistert und auch ihn reiße ich inzwischen oft heraus. Anders verhält es sich mit wildem *Erigeron*, mit Fenchel, Stockrose, Kapuzinerkresse, Ringelblume, Nachtkerze oder Mohn, den ich besonders liebe, weil er die verrücktesten Mischungen hervorbringt. Fenchel ist überall willkommen, denn er verleiht den Beeten Leichtigkeit. Wenn die kräftige Statur und die Farbe der Nachtkerze dagegen zu dominant werden, nehme ich sie schweren Herzens heraus – zu schön ist ihr leuchtendes Gelb an frühen Sommermorgen. Die Stockrose hat ein gütiges, altmodisches Wesen; sie darf überall sein, allerdings beschränkt sie sich freiwillig auf den alten Obstgarten, wo sie zwischen *Molinia*, Rosen, Fenchel, Phlox und Hopfen ihre leuchtenden Blütenschalen entfaltet. Die neueste Errungenschaft ist *Erigeron*. Dieses „Gänseblümchen auf Stelzen", wird über einen Meter hoch und vermehrt sich phantastisch. Ich hielt die Pflanze zunächst für eine Aster, bis der Staudenzüchter Peter zur Linden mich aufklärte. Die Saat war mit einer der „Abfallkisten" aus seiner Staudengärtnerei nach Ippenburg gekommen – wahre Schatzkästen, denn sie enthalten nicht nur herrliche Stauden, sondern transportieren in ihren Wurzelballen auch all die „schönen Wilden", ohne die ich in meinem Garten nicht leben möchte.

‚Goldsturm' und *‚Sonnenbraut'*

— DER HERBSTLICHE AUFTAKT

Wenn die erste Rosenblüte vorbei ist und Rittersporn, Lupinen und Mohn zurückgeschnitten sind, scheint der ganze Garten Luft zu holen. Früher graute mir vor dieser Zeit. Ich stellte dann immer wieder aufs Neue fest, dass ich viel zu wenig Taglilien, Phlox und andere Sommerblumen hatte, die das Kommando übernehmen konnten. Der Garten „hing einfach durch" – alles wartete auf die zweite Rosenblüte. Mein Hauptbemühen gilt seit einigen Jahren diesem Sommerloch, und ich versuche der Katerstimmung, die sich nach dem geliebten Frühsommer mit seiner Fülle, seinem Duft und seinen impressionistischen Blumenbildern einstellt, mehr und mehr Herr zu werden. Es wird zwar jedes Jahr etwas besser, aber zufrieden bin ich noch lange nicht. Erst wenn die endlosen gestutzten und geschorenen Streifen von Frauenmantel, Katzenminze und Storchenschnabel frische, neue Blätter bekommen, die Rosenknospen immer dicker werden und die Winden und Wicken zu blühen beginnen, weicht die Katerstimmung wieder. Und plötzlich, wie auf ein heimliches Kommando, setzt der Garten zum Sommerfinale an – das ist der Auftritt von *Rudbeckia* ‚Goldsturm' und Sonnenbraut *(Helenium)*! Sie blasen zur Herbstattacke und alles marschiert mit: Die Rosen blühen wie verrückt, die Sommerblumen und Gräser schwanken im heißen Mittagswind, die Augustäpfel fallen ins Gras und werden von Wespen ausgehöhlt, es summt und brummt und flattert überall. Dieses *Finale furioso*, dieser herbstliche Aufruhr, diese chaotische Fülle, die jetzt einsetzt, ist der Höhepunkt des Gartenjahres. Die Natur gebärdet sich wie toll. Es ist fast zuviel. Im Englischen gibt es die Bezeichnung „a riot of flowers", ein wildes Blumenmeer „Riot" heißt „Aufstand" oder „Krawall". Die Bezeichnung muss angesichts der überbordenden Augustbeete entstanden sein. Es ist der Höhepunkt und das Ende – das Sommerkonzert ist vorbei. Nun beginnt der herrliche bunte Totentanz des Gartens mit dem grandiosen Schauspiel der Astern und Dahlien, und dann schweigen die Instrumente. Der Garten fällt in den Winterschlaf. Nur ein paar Krähen kreisen. Im Rauhreif dampfen die Hügel der Maulwürfe. Hoffentlich wird es ein Winter mit Schnee!

Die feurig rote Sonnenbraut
Helenium ‚Baudirektor Linne'

MEIN TIPP FÜR SIE:

‚Goldsturm' und andere *Rudbeckia*-Sorten, *Helenium* in allen verfügbaren Farben, *Echinacea*, Sommersonnenhut, Gräser, Sonnenblumen, rubinroter Dost, dunkelviolette Herbstastern – ein Herbstfeuer, das im August beginnt und bis weit in den Oktober hinein „brennt"!

„Ich werde Dir
Rosenbeete schenken
und tausend duftende Sträuße."

CHRISTOPHER MARLOWE (16. JHRT.)

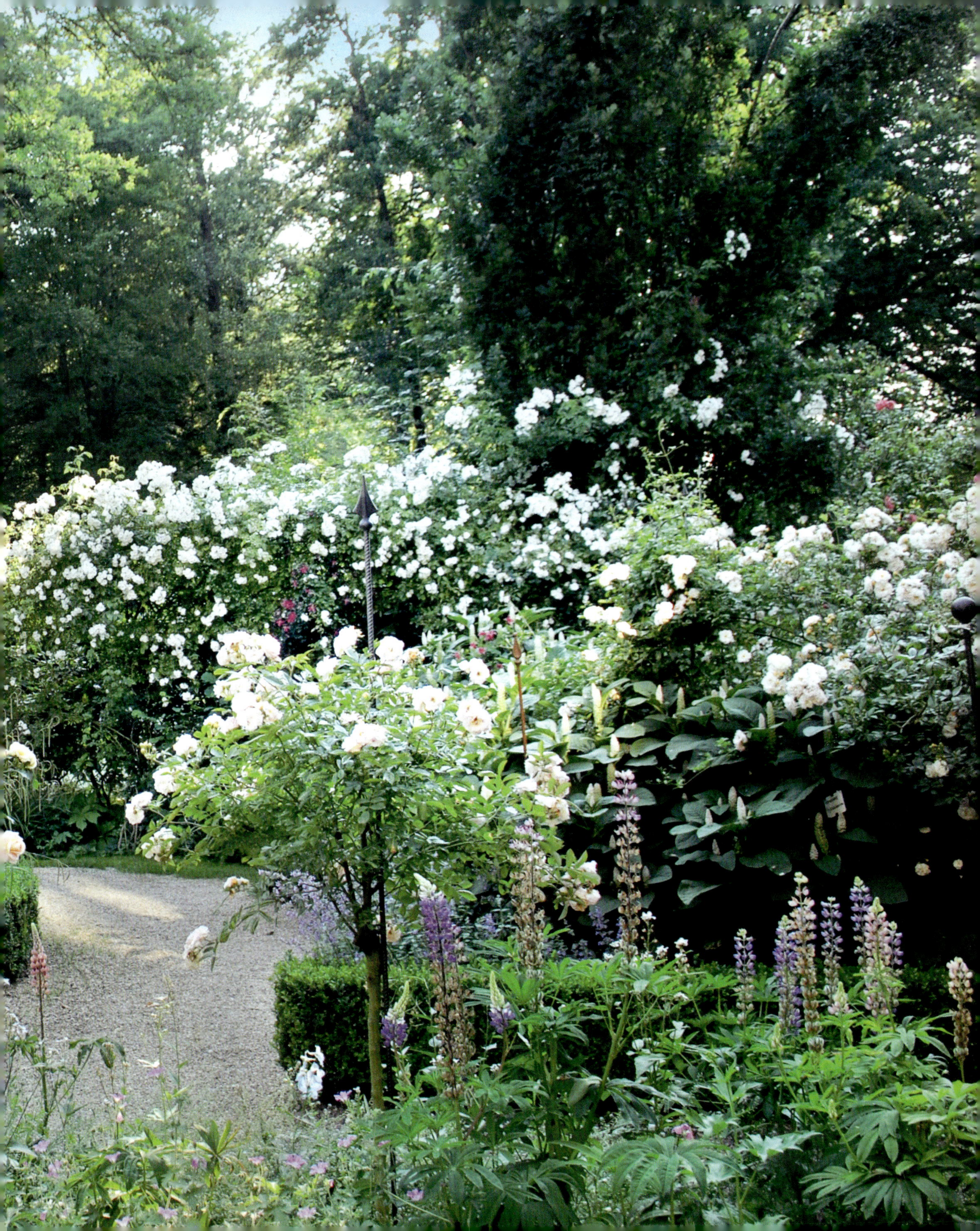

Hatte ich Dir einen Rosengarten versprochen?

Die Rose ist mehr als Wurzel, Stamm, Zweig, Blatt und Blüte. Lange bevor der Mensch sie in seinem Garten domestizierte, war sie schon die Blume der Götter, der Liebe und der Kunst. Sie hat, wie alle anderen Pflanzen auch, ihre eigene Gesetzmäßigkeit. Als Teil der Vegetation folgt sie den Gesetzen der Natur, als Metapher und Symbol ist sie Teil der menschlichen Kultur. Ein Garten ist sowohl ein Ort der Natur als auch ein Gedankengebäude. Geschichten, Sehnsüchte, Erfahrungen und Hoffnungen des Gärtners leben an diesem Ort im Einklang mit den Naturgesetzen. Kann man Rosen lieben? Ich glaube nicht. Sie sind zu komplex, ihre Geschichte ist zu sehr verwickelt in das menschliche Drama von Liebe und Tod, in die menschliche Komödie von Begierde und Enttäuschung, Hoffnung und Sehnsucht. Sie will nicht geliebt werden, sondern begehrt, respektiert und vergöttert. Halbherzigkeit akzeptiert sie nicht, sie fordert Leidenschaft und Hingabe. „Königin der Blumen" und „Liebling der Götter" nannten sie schon die griechischen Lyriker Sappho und Anakreon 600–500 v.Chr. Seit Jahrtausenden wird sie bedichtet und besungen, begehrt, verschenkt, gemalt und bewundert. Ganz schwindelig wird mir, wenn ich das Übermaß an irrationaler, symbolgeschwängerter, romantischer und verkitschter Rosendichtung konsumiere, und ich ertappe mich dabei, dass ich ganz gegen meine Gewohnheit einen herzhaften Biss in einen Apfel tue, weil Goethes Ausruf „Über Rosen lässt sich dichten, in die Äpfel muss man beißen" wie ein langsam anschwellender Bocksgesang in mir aufsteigt – befreiend, Klarheit fordernd, endend in Gertrude Steins „Eine Rose ist eine Rose, ist eine Rose, ist …".

Im Mittelalter wurde die lustvolle Liebesblume der Venus zur Tugend- und Keuschheitsblume Marias. Um die Reste ihrer unmoralischen und zwielichtigen Vorgeschichte auszulöschen. wurde ihr Wert als Heilpflanze hochgehalten, was ihr den Zutritt zum Hortus conclusus gewährte und sie vollends zum Symbol der himmlischen Liebe werden ließ. Doch schon im 8. Jahrhundert, als Karl der Große für jeden Garten einen Rosenstock anordnete, so wie später Heinrich der IV. seinem Volk „das Huhn im Topf" versprach, trat die Rose aus ihrem himmlischen Gefängnis ins Freie, und auch die Rosendichtung wurde wieder weltlicher und in der mittelalterlichen Minnelyrik zusehends „handfester" und ungenierter. Klassik und Frühromantik fanden kurzfristig zur Ästhetik der Antike zurück, um dann von dem unaufhaltsamen

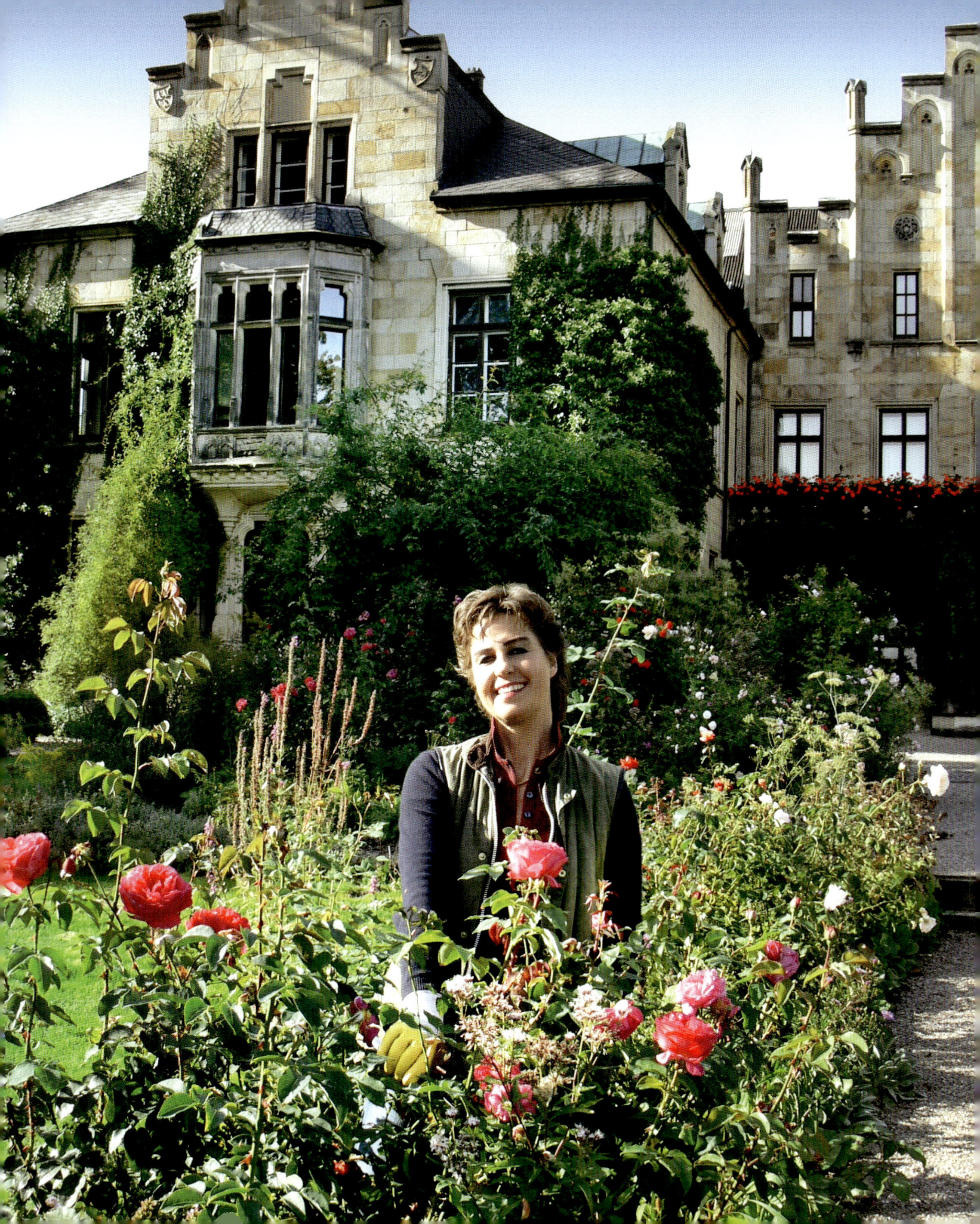

Magisch: die grüne Rose ‚Lovely Green'
im Garten „Prairie de Roses"

Schwall romantischer und biedermeierlicher Brunst und Lust verschüttet zu werden. Den Höhepunkt bildete der „Rosendichterkitsch" des 19. Jahrhunderts, der dem männlichen Begehren den rosigen Mantel der Poesie um die Schultern legte und ihm so ermöglichte, unerkannt und vorüberfliegend wie ein Schmetterling in der Abendsonne, die Lust der Rose zu kosten, den Rhythmus der flüchtigen Zeit besingend, nicht beklagend:

Die meisten dieser Rosengedichte sind romantisierend, kryptisch und hemmungslos kitschig. Hier ist die Rose der Busen, da der Schoß, der Sitz Amors und Cupidos. Die Knospe ist die Jungfrau, die, kaum „gebrochen", schon verblüht. Zephir zerwühlt die Blütenblätter, die Locken der Angebeteten. Der Knabe bricht das „Röslein auf der Heiden", das gebrochene Röslein

„Rosen pflücke, Rosen blühn,
Morgen ist nicht heut!
Keine Stunde lass entfliehn
Flüchtig ist die Zeit!
Trinke, küsse! Sieh es ist
Heut Gelegenheit!
Aufschub einer guten Tat
Hat schon oft gereut..."

J.W.L. GLEIM

wird wiederum der Geliebten in den weißen Busen gesteckt und sticht dort, dass rotes Blut tropft, obwohl es doch das „Röslein" war, das den Knaben stach und obwohl die Rosen doch selber Brüste sind, denn „schöner ist ihre Brust, als die Brust der sich öffnenden Rose" und „den edelsten der Menschen zu entzücken, soll dieser Busen offen stehn, soll ihn des Himmels Tau erquicken, und Zephyr ihn umwehn." Hier hat der Kryptograph ein leichtes Spiel; alles ist doppeldeutig und zugleich eindeutig. Eros erscheint in dem Wort Rose als verschlüsselter „Geheimcode". Die Rose symbolisiert die irdische wie die himmlische Liebe, Sinnlichkeit und Keuschheit, Vollkommenheit und Vergänglichkeit. Sie ist zugleich Quelle, Ziel, Objekt und Medium für die männliche Liebessehnsucht, für Begehren und Wollust. Für die Frau ist sie eine Metapher – sie schaut in ihr eigenes Spiegelbild. Sie „sieht" das Sehnen der Knospe, die Schönheit der Blüte, die Hässlichkeit von Verwelken und Tod. Wen wundert es da, dass der Anteil der weiblichen Rosenzüchter mit weniger als fünf Prozent identisch ist mit dem der weiblichen Rosendichter? Rosen von weiblichen Züchtern habe ich noch nicht kennen gelernt. Die distanzierte, ironische und doch sehnsuchtsvolle Melancholie der Rosengedichte weiblicher Autoren hat eine ganz eigene Schönheit, sei es der lapidare Stil der russischen Dichterin Masha Kaleko (1907–1975):

„Dass jede Rose Dornen hat,
Scheint mir kein Grund zu klagen
Solange uns die Dornen nur
Auch weiter Rosen tragen."

oder die auflehnende Trauer der Kurländerin Thekla Lingen (1866–1931), über deren Schicksal wenig bekannt ist, aus deren Gedichten jedoch die Verzweiflung einer ganzen Generation spricht:

Sommer
Sieh, wie sie leuchtet,
Wie sie üppig steht,
Die Rose –
Welch satter Duft zu dir hinüberweht!

Doch lose Nur haftet ihre Pracht –

Streift deine Lust sie,
Hältst du über Nacht
Die welken Blätter in der Hand

Sie hatte einst den jungen Mai gekannt
Und muss dem stillen Sommer nun gewähren –

Hörst du das Rauschen goldener Ähren?

Die griechische Dichterin Sappho war es, die um 600 v. Chr. die Rose in den Rang der „Königin der Blumen" erhob, den ihr bis heute keine andere Blume streitig macht. Sie schrieb:

„Es erröten wie die Mädchen nun die
Hecken, seht nur hin,
Oh die Rose, ach die Rose ist der Blumen Königin!

Rosen beschatten alle Hänge;
Traumlos rieselt der Schlaf
Von ihren bebenden Blättern.

Wenn Zeus den Blumen eine Königin geben
wollte, müsste die Rose diese Krone tragen.

links: Die Austin-Rose ‚Heritage' mit weißen Malven, Fenchel und dem einjährigen Mohn ‚Seriously Scarlet'

rechts: Idylle: Die Kletterrose *filipes* ‚Kiftsgate' hängt herab von einem Apfelbaum

Sie trägt die Krone – bis heute. Sie ist die *Primadonna assoluta*, aber keine Diva. Sie ist anspruchsvoll, aber nicht kapriziös. Sie spielt die Hauptrolle, aber zeigt Teamgeist. Sie braucht keine Sonderbehandlung, kein eigenes Beet. Sie fühlt sich in der Nachbarschaft fast aller Gartenpflanzen wohl und fügt sich ein, vorausgesetzt, wir verstehen ihren Charakter, ihre Besonderheit. „Es ist wichtiger, dass jemand sich über eine Rosenblüte freut, als dass er ihre Wurzel unter das Mikroskop bringt", sagt Oscar Wilde. Freude an der Schönheit der Rose und der Wunsch, sie im eigenen Garten zu betrachten, stehen am Anfang eines schönen Rosengartens. Es geht nicht darum, ihren Stammbaum zu kennen, zu wissen, ob sie eine Damaszener-, Noisette- oder eine Bourbonrose ist, eine Teehybride, Polyantha, Floribunda oder gar ein „Sport" von beiden. Es geht auch nicht darum, sie zu überhöhen, poetisch „aufzuladen", mit Dichterlorbeer zu kränzen und auf ein Podest zu erheben. Irgendwo zwischen Dichterwahn und Okuliermesser, zwischen Gartenlaubenpoesie, romantischem Kitsch, Düngen, Spritzen und Rosenschnitt begegnet der Gartenliebhaber „seinen" Rosen und beginnt „seinen" Rosengarten zu bauen. Und er tastet sich allmählich heran, entwirft Gartenbilder vor seinem inneren Auge, verwirklicht sie und entdeckt nach und nach die ungeahnte gestalterische Vielfalt, die der Umgang mit Rosen bietet. Pflanzt er Gräser um sie herum, wirken sie wild, pflanzt er Lavendel, erscheinen sie damenhaft, pflanzt er Artischocken, bekommen sie etwas „Ritterliches", pflanzt er Rittersporn, wirken sie königlich. In der Begleitung von Zwergkiefer und Kriechkonifere sind sie traurig, mit Löwenmäulchen, *Monarda*, Fingerhut, *Macleay*, Schafgarbe oder Nachtkerze dagegen heiter. Zwischen *Eryngium*, *Hosta*, Currykraut, *Leymus* und *Euphorbia* erscheinen sie männlich, zwischen Storchenschnabel, Salbei, Quendel oder Wollziest jungfernhaft. Was also ist ein Rosengarten? Wie hat er auszusehen? Die Antwort kenne ich nicht. Aber da mich diese Frage von allen Aspekten der Gartengestaltung am meisten interessiert und fasziniert, widme ich mich ihr mit wachsender Leidenschaft.

„I beg your pardon, I never promised you a rose garden…" – das war einer meiner Lieblingsschlager der siebziger Jahre, „…along with the sunshine, there's gotta be a little rain sometimes…". Ich war gerade 17 Jahre alt und hatte noch nie einen Rosengarten gesehen. In dem Schlager ist der Rosengarten eine Metapher für Vollkommenheit, und die Vorstellung, etwas Vollkommenes leisten zu müssen, widerstrebte mir. Schon damals. Steht der Rosengarten für Perfektion und Vollendung? Dann habe ich keinen. Ich habe ihn auch nicht versprochen. Niemandem.

Was ist eigentlich ein Rosengarten?

Bevor ich Ihnen meine Rosen vorstelle, zunächst ein paar allgemeine Gedanken. Was ist ein Rosengarten, was zeichnet ihn aus? Die Diskussion über Gestalt und Inhalt eines Rosengartens ist uralt und doch brandaktuell. Dass die „Königin der Blumen" in Distanz zum niederen Volk, dem bunten Häufchen der Stauden und Einjährigen, stehen müsse, ist ein Gerücht, das sich hartnäckig hält. Noch immer finden wir die Rose meistens einsam und traurig, blattlos auf nackter, geharkter Erde, krank vom Alleinsein, ohne Zauber, ohne Duft. Manch einer, der meine Gärten besucht, mag sich fragen: „Geht denn das? Darf man das machen – die Rosen zwischen all diese Pflanzen stellen?" Man darf und man sollte! Rosen, Stauden und Gräser bilden eine Einheit, und was der Maler mit Pinsel und Farbe oder der Dichter mit Worten tut, das macht der Gärtner mit seinen Pflanzen. *„Er stellt sie so zusammen, dass sie zugleich neu und seltsam scheinen und zugleich auch wie zum ersten Mal ganz sich selbst bedeuten, sich auf sich selbst besinnen."* (Hugo von Hoffmannsthal) Wenn ich in ein Rosarium gehe, erwarte ich keinen Rosengarten, sondern eine Rosensammlung. Hier und da entdecke ich zwar phantasievolle gestalterische Einfälle, aber insgesamt herrscht der enzyklopädische Charakter vor. Die Rosengärten von Bundes- und Landesgartenschauen, die ich besuche, gefallen mir selten, fast nie. Da herrscht entweder „Farbenlärm", gähnende Langeweile oder beides zugleich. Gärten von Rosenliebhabern sind oft Miniaturrosarien, mit dem Unterschied, dass der Anteil an „Füllmaterial" in Form von Buchs, Koniferen, Laubgehölzen, Rasen und Naturteich größer ist als in einem öffentlichen Rosarium. Ihre Blütenfülle erzeugt in mir ein Gefühl von „zu viel Sahnetorte". *„Bei der Verwendung von Rosen müssen wir uns an einige ganz allgemeine Regeln halten, die darin bestehen, dass die 'Edelrosen, wenn möglich, nie mit andern Rosen zusammengepflanzt werden und dass edle Gehölze und Stauden sich sehr gut zur Trennung verschiedener Rosenklassen eignen… Seien wir uns bewusst, dass Rosen niemals mit beliebigen Pflanzen…gebraucht werden dürfen. Dagegen lassen sie sich vorzüglich mit Cotoneaster, Erica, Hypericum, Lavendel, Perowskia, Rittersporn, Salvien und Ziergräsern verwenden… Auch kleine Koniferen bilden für die Rosen eine vornehme Umgebung;*

„Möchten Sie nicht in meinen Garten kommen? Ich würde meine Rosen gerne mit Ihnen bekannt machen."

RICHARD B. SHERIDAN

MEIN TIPP FÜR SIE:

Verlassen Sie das traditionelle Schema von Buchs, Rose und Lavendel! Gehen Sie neue, eigene Wege. Lassen Sie sich von der Farbe der Rose inspirieren, pflanzen Sie Stauden und Sommerblumen und beenden Sie die Herrschaft der immergrünen „toten Seelen"!

Elegant: Knospen und Blätter der duftenden Edelrose ‚Mildred Scheel' mit fast schwarzen Kornblumen auf der Rosenspirale

Frauenmantel, Katzenminze und Historische Rosen – ein altmodischer Rosengarten vor meinem englischen Glashaus

zudem vertragen sich die Wurzeln dieser beiden Pflanzen sehr gut, und vielleicht lassen wir in deren Nähe noch Lilien blühen...." (D. Woessner, 1963).
Der Text ist mehr als vierzig Jahre alt, in Anbetracht des zeitgenössischen Gartenstils scheint er jedoch auch heute noch als verbindlicher Kanon zu gelten. Schlimmer noch, denn inzwischen sind Rittersporn, Salvien, Gräser, Lavendel und Lilien zugunsten von *Cotoneaster*, *Hypericum*, Koniferen und *Erica* fast vollständig aus den Gärten verschwunden und die Rose steht da als einsame Königin zwischen all dem Grün und Braun und Violett.

Die Delbard-Rose ‚Maurice Chevalier' mit
Blick auf die Gärten im Süden des Schlosses

MEIN TIPP FÜR SIE:

Wählen Sie Ihre Lieblingsrosen! Dann überlegen Sie, was farblich gut zu ihnen passt – allerdings immer unter Berücksichtigung der Gestalt, der Art und des Blattwerks der Rose. Gehen Sie auf Konfrontation und betreten Sie Neuland! Nur bitte keine gestauchten Balkon- oder Großmarktpflanzen oder anderweitig manipulierte Fließband-Mumien – die Königin der Blumen fordert von ihren Begleitern Persönlichkeit und Charakter!

Die Rose für den Garten

ODER DER GARTEN FÜR DIE ROSE?

Kaiserin Joséphine schuf Anfang des 19. Jahrhunderts den wohl berühmtesten Rosengarten der Neuzeit. Sie war eine maßlose Sammlerin und trotz der schier unerschöpflichen Finanzquellen ihres eroberungswütigen Gatten gelang es ihr, sich derartig zu verschulden, dass ihren Nachkommen bei Antritt des Erbes nichts anderes übrig blieb, als Malmaison aufzuteilen und zu verkaufen. Der Rosentraum von Malmaison währte nicht länger als 15 Jahre und ging dennoch in die Geschichte ein als der Rosengarten schlechthin. Neben exotischen Gehölzen aus fernen Kontinenten, die sie in riesigen Glashäusern hielt, legte Joséphine in der Nähe des Hauses streng formale Beete an, die ausschließlich mit Rosen bepflanzt wurden. Dieser Rosengarten wurde zum Prototyp für das ganze 19. Jahrhundert und fand in der monochromen Massenbepflanzung viktorianischer Parterres seinen stilistischen Höhepunkt. William Robinson, größter und einflussreichster Verleger seiner Zeit, entfachte mit seinem 1883 erschienenen Buch „The English Flower Garden" einen bahnbrechenden Streit. *„Die Sitte, Rosen separat zu pflanzen"*, schrieb er, *„kommt dem Blumengarten keineswegs zugute....Die Rose muss zurück in den Blumengarten, ihren wahren Bestimmungsort, nicht nur um ihrer selbst willen, sondern um den Garten vor Hässlichkeit und Erstarrung zu bewahren."* Gertrud Jekyll war es, die den von Robinson geforderten Pflanzstil maßgeblich in die Tat umsetzte, und es war der Garten von Sissinghurst Castle, in dem Vita Sackville West und ihr Mann Harold Nicholsen die Pflanzung von Rosen und Begleitpflanzen zur Vollkommenheit entwickelten. In den neunziger Jahren, als ich gerade begonnen hatte, mich vorsichtig dem Thema „Rosen im Garten" zu öffnen, verbannte Christopher Lloyd einen großen Teil der Rosen aus seinem Garten in Great Dixter und ersetzte sie durch Stauden, Sommerblumen und tropisch wirkende Exoten. Ein revolutionärer Akt, der in England für Aufruhr sorgte und das Potenzial für einen neuen „Rosenkrieg" enthielt. Den Weg über den Kanal hat dieses neue Gedankengut aber leider bislang noch nicht angetreten und auch in England sind die Ansichten des 2006 verstorbenen Christopher Lloyd durchaus umstritten.

> *„Weil sie sich ihrer Schönheit bewusst ist, stellt die Rose die größten Anforderungen an uns."*
>
> ALAIN MEILLARD

Von der Beetrose zur „Straßenrose"

Im vergangenen Sommer besichtigte ich Lanhydrock Castle in Cornwall bekannt als „A late Victorian Masterpiece" und sah zum ersten Mal einen echten Viktorianischen Blumengarten, mit Rosenparterre, einem Schmuckparterre aus leuchtenden Begonien und einer Mixed Border. Besonders die verschiedenen Parterres ließen das Grollen von William Robinson in meinen Ohren aufklingen. Hier konnte ich den Stein des Anstoßes mit eigenen Augen sehen. Zugegeben, ich war beeindruckt von der Perfektion und Ordnung dieser Gartenanlage, von den geschnitten Eiben, den geschorenen Rasenflächen und den brillant leuchtenden großblütigen Begonien, und doch verstand ich Robinsons Ansatz erst jetzt richtig. Auch begriff ich zum ersten Mal, wo das Wort „Beetrose" seinen Ursprung hat, dieses Wort, mit dem ich pure Langeweile in den Farben Gelb, Rot und Pink assoziiere. Rosen gab es in Lanhydrock nur in festgefügten Buchsbeeten, sauber sortiert nach Farben: ein Beet mit roten Rosen und je eines in Pink, Weiß und Gelb. Die Beetrosen waren etwas höher als die Beeteinfassung und flächig geschnitten durch einen „jährlichen Schnitt mit der Heckenschere", wie es die „Royal National Rose Society" empfiehlt (T. Lord, Gärten voller Rosen, 1999). Auch in Deutschland ist die Heckenschere bei der Pflege großflächiger Rosenbeete in öffentlichen Grünanlagen und an Straßenrändern nicht mehr wegzudenken. Die Beetrose ist in den letzten Jahrzehnten zur Straßenrose verkommen Die Königin der Blumen liegt in der Gosse. Wetterfest, klimafest, Auspuffgas-, Schneeschieber- und Streusalzresistent fristet sie ihr Dasein, wird zur Abladestelle für Zigarettenschachteln und Bierdosen und ihre schmutzig weißen Blüten gleichen den feuchten Papierfetzen, die sich in den Dornen verfangen. Das ist das Ende der Rose. Dann doch lieber *Cotoneaster*!

Die „Straßenrose" ‚The Fairy' mit Schleierkraut. Etwas kitschig, aber immerhin liebevoll.

Viktorianisches Rosenparterre im Garten
von Lanhydrock Castle in Cornwall

MEIN TIPP FÜR SIE:

Befreien Sie die vielen Straßen- und ‚Roundabout-Rosen' von ihrem traurigen Schicksal als Verkehrsbegleitgrün und als Werkstoff für öffentliche Grünanlagen. Holen Sie sie zurück in den Garten! Mit Gräsern, Katzenminze, Currykraut, *Santolina*, Storchenschnabel, Schleierkraut, Schafgarbe, Margeriten und vielen anderen Sommerblumen bekommen sie dann allmählich wieder ein eigenes Gesicht.

Im Vordergrund die duftenden Edelrosen ‚Barkarole' und ‚Speelwark'

„WARUM HABEN SIE EIGENTLICH

keine Edelrosen?"

Diese Frage überraschte mich an einem sonnigen Julisonntag. Eine Rosenliebhaberin hatte sich in Strohhut und Wanderschuhen vor mir aufgebaut und forderte meine ungeteilte Aufmerksamkeit. Sie hatte den ganzen Garten besichtigt, der ihr durchaus gefiel, wenn er auch nicht ganz ihrem Geschmack entsprach, wie sie beflissentlich hinzufügte – „zu viel Orange" –, und Edelrosen hätte ich ja wohl gar nicht. Spontan erzählte ich ihr von den 500 Duftedelrosen des Züchters Kordes auf der Rosenspirale, die von ‚Evening Star' bis ‚Barkarole' in den Farben Weiß über Orange und Kupfer bis tief Dunkelrot leuchten und duften! Dann erwähnte ich den Garten der ‚Schwarzen Madonna', die mit weißen Lilien, *Knautia*, *Hosta* und *Festuca glauca* sehr elegant am Teichufer wächst, von ‚Gloria Dei', die ich gerade im vergangenen Jahr in größeren Mengen gepflanzt hatte, weil sie irgendwie in Vergessenheit geraten war, und natürlich von der Rose ‚Schloss Ippenburg', die in einem eigenen Beet mit eleganten Stauden und Lilien und der dunkelscharlachroten *Lobelia Tupa* steht, aber auch hier und da in verschiedenen Rabatten blüht. Ich hätte noch mehr aufzählen können, aber das verständnislose Gesicht meiner Besucherin ließ mich innehalten. „Aber Sie haben ja gar kein Rosenbeet mit Edelrosen, nur mit Edelrosen! Sehen Sie, und deshalb habe ich die Rosen auch nicht als Edelrosen erkannt. Da stimmt etwas nicht mit der Gestaltung. Edelrosen muss man erkennen können." Was als

MEIN TIPP FÜR SIE:

Pflanzen Sie ein Farbfeuerwerk mit Edelrosen ‚Adolf Horstmann', ‚Alexandra', ‚Barkarole', ‚Gloria Dei', ‚Lolita', ‚Speelwark', mit *Monarda*, *Kniphofia*, *Lobelia fulgens*, Montbretien, *Hemerocallis*, *Helenium* und Dahlien. Als Puffer wählen Sie Fenchel, *Ammi*, *Reseda luteola* und reichlich Rote Melde.

Kritik gedacht war, empfand ich als Lob. Mein Ziel, die Rose vom „Podest" ins „volle Leben" zu holen, sie gleichberechtigt mit Stauden und Sommerblumen zu einem bunten Strauß zusammenzufügen, schien erreicht. Ich erzählte der Dame von der gestalterischen Idee, die ich verfolgte, und dass es doch eigentlich schöner sei, einen Edelstein im Gras oder Moos zwischen anderen Steinen und Kieselnüberraschend zu finden, als ihn auf dem Samtkissen präsentiert zu bekommen. Längst hatte der Strohhut den Garten verlassen, wippend verschwand er zwischen den Stämmen der uralten Eichen.

Vier Farben Rot

MEIN TIPP FÜR SIE:

Besonders schöne rote Rosen sind die Austin-Rose ‚L.D.Braithwaite', die Historische Rose ‚Tuscany Superb', die *Rosa rugosa* ‚Rotes Meer', die moderne Strauchrose ‚Grandhotel', die Edelrosen ‚Barkarole', ‚Mildred Scheel' und ‚Schwarze Madonna'.

„Rot wie Blut": die herrlich
duftende ‚Barkarole'

‚Mildred Scheel' ‚Gräfin Astrid von Hardenberg'

,Shakespeare' ist karmesinrot, ‚Tuscany' tizianrot, die ‚Schwarze Madonna' leuchtet blutrot und ‚Rembrance' ist tief scharlachrot. Die Farben einer Rose zu beschreiben gelingt selten bis nie. Rosenkataloge, die reichlich Bildmaterial zusätzlich zur Farbdefinition liefern, schaffen ein Dilemma. Die Farbe auf dem Photo weicht von der Erklärung soweit ab, dass sich der Verdacht aufdrängt, die Bilder seien vertauscht oder man habe sich in der Zeile geirrt. Photographien sind selten realistisch, da die Farbintensität abhängig ist von Sonnenstand und Luftfeuchtigkeit. Nach vielen unangenehmen Überraschungen kaufe ich heute nur noch Rosen, deren Blüte, Blatt und Gestalt ich im Freiland gesehen habe. Die vier Farbbezeichnungen zu Beginn des Kapitels sagen also über die vier Rosen nichts aus. Zum Beispiel die ‚Schwarze Madonna'. Ich war auf der Suche nach der „schwarzen Rose". Da fand ich sie in einer wunderschönen Abbildung. Sie war schwarz überhaucht, geheimnisvoll. Ihr Name gefiel mir sehr und ich gestaltete ein Beet nur für sie, mit Unmengen weißer Lilien und vier Trauerstämmen schneeweißer Rosen – die dann leider hellgelb blühten. Die ‚Schwarze Madonna' ist nicht schwarz. Sie ist blutrot, man kann auch sagen karminrot, purpurrot, kermes- und cochenillerot. Als Färbemittel und Malpigment gewann man dieses Rot tatsächlich aus Blut, aus dem Blut der Kermes- oder Cochenillelaus, das so rar und kostbar war, dass es nur Könige und Kardinäle schmückte. Dieses Rot, in dem weder Gelb noch Blau überwiegt, ist das Rot der klassischen roten Rose. Karmesin eröffnet die Skala der purpurnen bis violetten Rosen, wie ‚Charles de Milles', ‚Reine des Violettes' und ‚Cardinal de Richelieu'. Tizianrot ist ein tiefes Rubinrot mit wenig Blauanteil, tendiert dunkler werdend zu schwarz, aufhellend zu Terracotta-, Kupfer- und Bernsteintönen wie in den Rosen ‚Terracotta', ‚Hot Chocolate', ‚Kupferkönigin' und ‚Julia's Rose'. Scharlachrot ist in seinem Ursprung eng mit Karmin- und Karmesinrot verwandt und bezieht sich ebenso auf die Kermeslaus. Während Karmesin im heutigen Verständnis der Farbe Purpurviolett zugeordnet ist, geht Scharlachrot in Richtung Feuer- und Signalrot, was auf den inhaltlichen Zusammenhang mit der Krankheit zurückgeht, die durch einen feuerroten Hautausschlag gekennzeichnet ist. Scharlachrot eröffnet den Reigen der aggressiv roten Rosen, deren Verwendung im Garten Ergebnisse von spektakulär bis katastrophal hervorbringen kann.

MEIN TIPP FÜR SIE:

Neben den Klassikern ‚Sombreuil', ‚Prosperity', ‚Stanwell Perpetual' und ‚Frau Karl Druschki', pflanze man die Harkness-Rosen ‚Margaret Merril', ‚Princess of Wales' und ‚Great North Eastern Rose' sowie die Delbard-Rosen ‚Blanche Colombe' und ‚Bordure Blanche'. Letztere ist eine Kleinstrauchrose, wie auch ‚Diamant' (Kordes), ‚Alba Meidiland', ‚Ice Meidiland' und ‚White Meidiland (Meilland)'.

Die weiße Rose

,Winchester Cathedral' auf der
„Langen Achse" im Süden des Schlosses

Ich habe wunderschöne weiße Rosen in meinem Garten. Es ist schwer zu sagen, welche die schönste ist. ‚Evening Star' macht ihrem Namen wirklich Ehre. Sie leuchtet im letzten Abendlicht in einem wunderschönen, geheimnisvollen Mondweiß, während ‚Marie-Luise Marjan', auch eine duftende Edelrose von Kordes, den rosigen Hauch der Morgensonne reflektiert. ‚Winchester Cathedral', eine öfter blühende Strauchrose des Züchters Austin, hat dicht gefüllte, strahlend weiße Blüten mit einem altmodischen Duft, den zu beschreiben ich gar nicht erst versuche, weil die Beschreibung von Blütendüften noch weniger aussagekräftig ist als die von Blütenfarben. Mit ‚Winchester Cathedral' assoziiere ich die „Weiße Rose von York", obwohl ich weiß, dass es sich dabei um die *Rosa x alba* ‚Maxima' handelt; aber ‚Winchester Cathedral' ist so vornehm und zugleich so vital, so wehrhaft und zäh, dass, wenn ich an ihr vorübergehe, mir Shakespeares Worte durch den Kopf gehen: "Es pflücke, wer ein echter Edelmann…

‚Félicité et Perpétué' weigert sich zu klettern. ‚Marie-Luise Marjan' hat ein wunderschönes Weiß und duftet herrlich!

mit mir von diesem Strauß 'ne weiße Rose." An die „Weiße Rose" der Geschwister Scholl denke ich im Anblick meiner vielen braven Büsche der Rose ‚Schneewittchen'. Sie ist eine sehr zuverlässige, aufrechte, klare und schlichte Rose, in reinstem Weiß mit frischen grünen Blättern. ‚Félicité et Perpétué', diesen zungenbrecherischen Namen vergab der Züchter, weil ihm im gleichen Jahr Zwillinge desselben Namens geboren wurden, ist eigentlich ein Rambler, deshalb setzte ich sie an einen Apfelbaum. Sie weigert sich hinaufzuklettern, vielleicht mag sie die Apfelsorte nicht. Sie steht nun schon seit acht Jahren an ihrem Platz, wird nicht höher als zwei Meter, während ‚Kiftsgate' mit ihren wuchernden Ranken schon über drei hohe Apfelbäume gewandert ist, die sie im Juni mit weißem Schaum bedeckt. Die schönste von allen ist vielleicht doch ‚Jacqueline du Pré' von Robert Harkness. Ihre großen, halbgefüllten Blüten und die goldgelben Staubgefäße verleihen ihr den Zauber und die Eleganz alter Päonien.

MEIN TIPP FÜR SIE:

Planen Sie einen Purpurgarten mit ‚Cardinal Hume' in der Hauptrolle und *Monarda, Echinacea, Allium, Astrantia, Hemerocallis* und Pfingstrosen sowie purpurfarbenen Sommerblumen wie Löwenmäulchen, Skabiosen, Gräser und Clematis – ein wahrhaft vornehmes Beet!

‚Cardinal Hume' – geheimnisvoll zwischen Gräsern und Purpurfenchel

DER VORNEHME ERNST
des ‚Cardinal Hume'

‚Cardinal Hume' lernte ich im Jahr 2002 beim „Fest der Rose" kennen. Jane Schul hatte sich zum Ziel gesetzt, dem femininen Charakter der klassischen Historischen Rosen den eher maskulinen Ausdruck moderner Züchtungen in kräftigen, feurigen Farben entgegenzusetzen. Die Harkness-Rosen ‚Pat James', ‚Fellowship' und ‚Betty Harkness', ‚Julie Y', ‚Pride of England', ‚Remembrance' und ‚Rosemary Harkness' setzte sie zwischen die graublättrigen Stauden und Gräser *Eryngium planum, Hosta* ‚Halcyon', *Macleay cordata* und *Leymus arenarius*. Inmitten dieser feurigen Aggressivität der Farben und Strukturen, die einerseits durch das silbrige Grau der Stauden aufgefangen, andererseits durch das Dornige der Distel und durch die scharfen, schneidenden Halme des *Leymus* „angestachelt" wurden, stand ‚Cardinal Hume' in vornehmer und fragiler Eleganz. Seine Blüten öffneten sich zu kleinen, halbgefüllten Schalen in morbidem Mauve, dem leuchtend gelbe Staubgefäße einen seltsam heiteren Glanz verliehen. Ich habe mich damals gefragt, ob die Wahl dieser Rose Ergebnis eines oben geschilderten „Katalogirrtums" war, oder ob diese unmögliche Verbindung bewusst gewählt wurde. Der Garten ist heute einer meiner liebsten Rosengärten. Das Feuer von Orange und Scharlachrot fache ich weiter an, pflanze *Euphorbia griffithii, Lysimachia* ‚Firecracker', *Lobelia* ‚Fan Scharlach', *Hemerocallis*, Schafgarben, Nachtkerzen, Löwenmäulchen, Königskerzen und zur Unterstützung des beruhigenden Silbergraus große Mengen Currykraut sowie Artischocken, Yucca und Sanddorn. Ich habe oft darüber nachgedacht, ‚Cardinal Hume' aus diesem „Hexenkessel" zu befreien, zögere jedoch noch, einerseits, weil ich den Plan der Künstlerin respektiere, andererseits, weil ich nicht sicher bin, ob es nicht gerade dieser vornehme Ernst des ‚Cardinal Hume' ist, der dem Garten diesen besonderen Charakter verleiht.

Geviertelt, gefüllt, duftend und wunderschön – eine der bezauberndsten Rosen, nicht nur wegen ihres Namens: ‚Souvenir de la Malmaison'

VOLLER MELANCHOLIE

‚Souvenir de la Malmaison'

Es ist schwer, den Charakter Joséphines aus den Legenden und Geschichten, die sich zwischen Romantisierung und Verteufelung bewegen, herauszulesen. Die „Rosenkaiserin" wird im Rosenmonat Juni auf der paradiesischen Insel Martinique geboren und auf den Namen Marie-Joseph-Rose, genannt Rosette, getauft. Sechzehnjährig verläßt sie das Paradies, um es mit einem eher tristen Leben in dem Haus ihres Gatten Alexandre de Beauharnais in Paris zu tauschen, der seine Zeit in Militärgarnisonen und mit flüchtigen Abenteuern vergeudete. Mit 22 Jahren, kurz nach der Geburt ihrer Kinder Eugène und Hortense, kehrt sie als geschiedene Frau für einige Jahre nach Martinique zurück, um sich wenige Jahre später mit neuer Kraft und Lebenslust, in Verbindung mit einem unbändigen Ehrgeiz, zur gesellschaftlichen Elite zu gehören, in das mondäne und turbulente Leben des „revolutionären" Paris zu stürzen. Als Geliebte des korrupten Lebemanns Barras, der eine wichtige Rolle im Direktorium spielte, begegnet sie Napoleon, den sie 1796 im Alter von 32 Jahren heiratet.

1799 kauft sie Malmaison, das in den ersten Ehejahren zum Rückzugsort für sie und den fünf Jahre jüngeren Napoleon wird. Die Abwesenheit Napoleons, der sich auf Eroberungsfeldzügen in der fernen Welt befindet, nutzt sie, um sich in Malmaison ihr eigenes Reich aufzubauen. Sie vergrößert ihren Besitz maßlos – kauft Wälder, Schlösser, Ländereien, baut Häuser für Gärtner und Wachpersonal, plant beheizbare Glashäuser, in denen sie exotische Pflanzen ihrer Heimat und anderer Kontinente sammelt und errichtet Häuser und Volieren für ihre Menagerie, legt einen Rosengarten mit allen zu damaliger Zeit verfügbaren Rosensorten an und lässt die über 200 Arten von dem berühmten Künstler Redouté dokumentieren. Auch nach der Scheidung trägt Napoleon die finanziellen Lasten ihrer Verschwendungssucht und ermöglicht damit den Traum von Malmaison, der mit den Tod von Joséphine im Mai 1814 zu Ende geht. Die Leidenschaft dieser Frau, ihre Lust, das Leben in seiner ganzen Vielfalt und Fülle zu genießen, ihre Kraft, ihren Mut und ihre Großzügigkeit, ihre Liebe zu Luxus und Überfluss, ihre Nachsicht gegenüber anderen, ihre Eleganz und ihre Schönheitsliebe faszinierten Napoleon, und nicht nur ihn. Wenige Tage vor ihrem Tod empfing sie den König von Preußen sowie einige russische Großherzöge. Am Abend vor ihrem Todestag weilt Zar Alexander in Malmaison. Ihm hatte sie bei einem früheren Besuch zum Abschied eine Rose geschenkt mit den Worten: „Un souvenir de la Malmaison". Diese „Abschiedsrose" für den Zaren war jedoch nicht die gleichnamige Bourbonrose, die mit ihren großen geviertelten, gefüllten und zart duftenden pastellrosafarbenen Blüten zu den berühmtesten und schönsten Bourbonrosen zählt. Sie wurde erst 1843 gezüchtet und war so begehrt, dass sie bewacht werden musste, um zu verhindern, dass Liebhaber sich Stecklinge von ihr schneiden. Der Anblick dieser Rose erfüllt mich mit Melancholie. Liegt es an der Schönheit der Blüte oder an ihrem klangvollen Namen? In Malmaison wurde ein Traum Realität. In einer Zeit, die eigentlich keinen Raum für Träume hatte. Vielleicht ist es das.

MEIN TIPP FÜR SIE:

‚Souvenir de la Malmaison' ist eine sehr zarte, streng gesagt "schwachwüchsige" Rose. Man sollte sie mit filigranen, zarten Farben umgeben. Bronzefenchel, Storchenschnabel, Katzenminze, *Stachys* und die Bartnelke ‚Sooty' passen sehr gut zu dieser wunderschönen Bourbonrose sowie *Knautia*, *Gaura*, *Sanguisorba*, Jakobsleiter, die Sterngladiole und der Phlox ‚Blauer Morgen'.

Die berühmte Weltrose ‚Gloria Dei' auf der „Südrabatte"
mit Blick auf das alte Waschhaus

MEIN TIPP FÜR SIE:

‚Gloria Dei' ist eine sehr kräftige Rose und verträgt kräftige Partner: Lupine, Fingerhut ‚Apricot', *Eryngium*, *Euphorbia griffithii* ‚Fireglow', Fenchel, Goldbaldrian, *Hemerocallis, Macleay, Achillea* ‚Summer Pastels', Dahlien, Astern und *Helenium* in rostroten Tönen.

EINE DAME IM RENTENALTER

‚Gloria Dei'

Wir saßen auf den Stufen des Daitokuji Tempels in Kyoto und es muss Gedankenübertragung gewesen sein. Ich dachte an meine Rosenbeete und stellte mir gerade vor, welche Reaktionen sie wohl bei unseren japanischen Freunden auslösen würden, als plötzlich einer der Japaner die Stille durchbrach: „Haben sie auch die Rose ‚Peace'?" „Nein", antwortete ich, „wie sieht sie aus?" „Sie ist wunderschön; ihre Blüten leuchten wie die Morgenröte. Sie wurde 1976 in die ‚Hall of Fame' zur Weltrose gewählt. Sie ist eine der berühmtesten Rosen der Welt." Die Stille, die sich danach über dem Trockengarten von Daitokuji ausbreitete, hatte ihre meditative Leichtigkeit verloren und bekam etwas Beklemmendes. Was sollte er denken, wo er doch wusste, dass mein Garten gerade wegen seiner Rosenvielfalt alljährlich von Tausenden von Menschen besucht wird. Es ließ mir keine Ruhe. Wie konnte es möglich sein, dass gerade mir diese Rose entgangen sein sollte? Zuhause angekommen forschte ich nach und hatte in kurzer Zeit des Rätsels Lösung gefunden: Es handelte sich um ‚Gloria Dei', die ich selbstverständlich im Garten hatte, zumal sie mit ‚Queen Elizabeth' zu den zwei einzigen Rosen gehört, deren Namen mir schon seit meiner Kindheit bekannt waren. Ihre Züchtung begann in den dreißiger Jahren bei Meilland in Frankreich. Durch die Wirren des Krieges verzögerte sich die Einführung der Rose, die von ihrem Züchter in Frankreich ‚Mme A. Meilland' in Italien ‚Gioa', in Deutschland ‚Gloria Dei' und im englischsprachigen Raum ‚Peace' genannt wurde. Am 29. April 1945, zufällig am Tag des Sturms auf Berlin, ein Tag vor Hitlers Selbstmord im Bunker und eine Woche vor Kriegsende, wurde die Rose in Pasadena/Kalifornien auf den Namen ‚Peace' getauft. Ihr Name war das Symbol für die Hoffnung auf ein Ende des Krieges. „Wir glauben, dass sie dazu bestimmt ist, als eine klassische Rose noch in den Gärten unserer Enkel und vieler nachfolgender Generationen zu bleiben. Wir wählen den Namen ‚Peace' – er soll daran erinnern, wie bitter schwer wir gelernt haben, dass der Friede für die Menschen immer lebensnotwendiger wird."
‚Gloria Dei' – eine schöne berühmte Blume und eine großartige öffentliche Institution.

> „Die Rose ist mehr als eine schöne und berühmte Blume, sie ist eine großartige öffentliche Institution."
>
> WALTER PAGE WRIGHT

‚Julia's Rose'

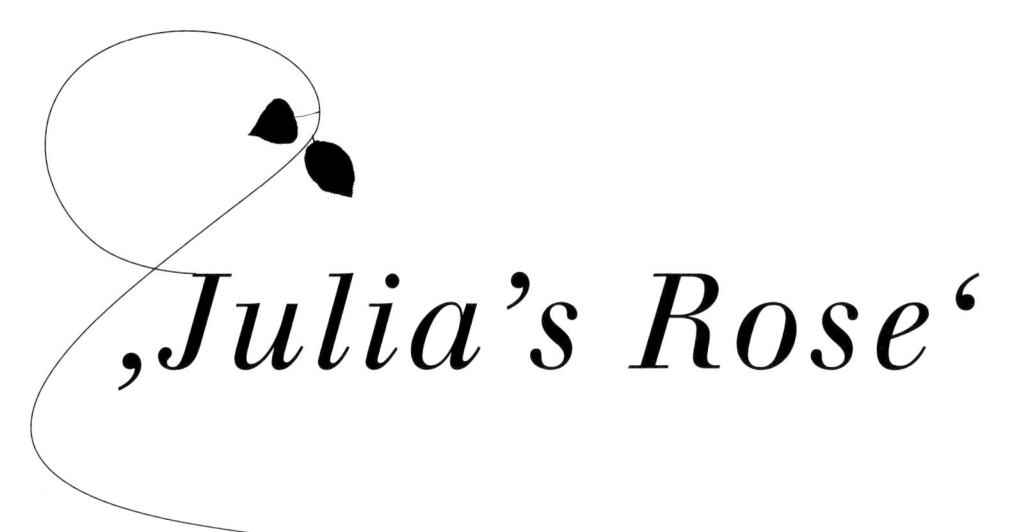

WIE URALTES PERGAMENT

Als ich ihr vor einigen Jahren in Chelsea begegnete, hielt ich sie zunächst für eine Seidenrose. Mit ihrer makellosen Blüte, deren Blätter wie mit bräunlich pergamentfarbener Pastellkreide bedeckt in einem geheimnisvollen Glanz von Bernstein schimmerten, erschien sie mir kostbarer als alles, was ich je gesehen hatte. Ihr Name, der die ganze Leidenschaft und Tragik einer unmöglichen Liebe in sich trägt, tat sein Übriges. Ich musste sie haben! Aber wie um alles in der Welt sollte das Beet aussehen, das dieser Rose gerecht würde? Ich war ratlos. Gräser vielleicht? Und welche Rosen? Eventuell ‚Schneewittchen' – das wäre ein Kompromiss. Da ich grundsätzlich erst dann eine Rose kaufe, wenn ich das Beet, in dem sie stehen wird, vor meinem inneren Auge sehe, gingen die Jahre ins Land, ohne dass etwas geschah. „Kennen Sie ‚Julia's Rose'?" fragte ich jeden, der in meinen Garten kam. „Ich möchte sie unbedingt haben". Ob es denn so schwer sei, sie zu bekommen, fragte man zurück, und ich erklärte, dass es sehr einfach sei, man müsse sie nur bestellen.

Niemand kannte diese Rose und mein Zögern in dieser Sache stieß auf Unverständnis. Als ich nach mehr als fünf Jahren immer noch kein Konzept für sie hatte, kaufte ich sie einfach, und im Februar 2007 trafen fünfzehn wurzelnackte Exemplare der heißbegehrten ‚Julia's Rose' ein. Nun musste die Entscheidung getroffen werden. Ich setzte sie alle zusammen in ein kleines Beet rechts und links der Südterrasse, vor Strauchpäonien und Iris, und füllte sämtliche Zwischenräume mit der königsblau blühenden *Commelina tuberosa* auf – es war eine wahrhaft spektakuläre Farbkombination! *Commelina* wird allerdings keinen zweiten Sommer mehr erleben, weil sie wie eine Dahlie frostfrei überwintern möchte und ich ihr dies nicht ermögliche, da ich das Herausnehmen der winzigen Knollen als unzumutbar empfinde.

‚Julia's Rose' wird im Verblühen blasser und gewinnt dadurch noch an Zauber.

MEIN TIPP FÜR SIE:

Reizvoll erscheint mir die Kombination dieser außergewöhnlichen Rose mit Züchtungen der Steppeniris *(Iris spuria)*, die nach der Bartiris von Anfang Juni bis Anfang Juli blüht. Die Sorte ‚Antiqua' ist kastanienbraun mit gelb; auch die ‚Countess of Zeppelin', ‚Penny Junker', ‚Everglow' und ‚Sahara Sands' sind interessant. Das Farbenspiel ließe sich im Juli mit *Hemerocallis* fortsetzen. Um den sehr unterschiedlichen Charakter von Iris und Rose auszugleichen, sollte man reichlich *Stipa tenuissima* und *Panicum virgatum* ‚Hänse Herms' sowie leuchtend blauen Storchenschnabel dazwischenpflanzen.

„Mutabilis"

DIE FARBEN DES SONNENUNTERGANGS

‚Mutabilis' ist vielleicht sogar meine Lieblingsrose. Ihre Herkunft ist mein Geheimnis. In ihrem Steckbrief steht: Alte Chinarose, um die Jahrhundertwende von einem Schweizer Botaniker im Garten der Isola Bella im Lago Maggiore entdeckt und 1932 in den Gartenbau eingeführt. Eltern unbekannt. Nicht frosthart. Etwas nachblühend. Weitere Namen und Bezeichnungen: *Rosa turkestanica*, *Rosa nivea*, Schmetterlingsrose, *Tipo Ideale*. Ich habe mehrere dieser eleganten, filigranen Rosen an verschiedenen mehr oder weniger geschützten Orten. Die milden Winter der vergangenen Jahre ließen sie zu schönen großen Sträuchern herangewachsen. An ihren roten biegsamen Stielen erscheinen Knospen und Blüten in großen Mengen. Die gelb-zinnoberroten spitzen Knospen öffnen sich zu zarten ungefüllten Blüten in einem warmen Rosa, die im Verblühen purpurrot werden. ‚Mutabilis' zeigt an einem Strauch das ganze Farbspektrum des Sonnenuntergangs und das Nebeneinander von Blühen und Verblühen. Was bei anderen Strauchrosen als störend empfunden wird, macht gerade ihre Schönheit aus. In meinem Garten ist sie sowohl winterhart als auch dauerblühend; sie braucht keinen Schnitt und ist ausgesprochen gesund. Der Garten der Isola Bella, in dem der Schweizer Botaniker diese Rose entdeckte, ist Teil eines Gesamtkunstwerks der Mailänder Familie Borromeo, die im 16. und 17. Jhdt. berühmte Kardinäle hervorbrachte. Im 18. Jhdt. war die Insel, eine schwimmende Palastanlage mit barockem Garten, Ort galanter Feste der gesellschaftlichen Elite. Auch Napoleon und Joséphine weilten im Jahr 1797 für zwei Tage dort. Der üppige, mit tropischen Gewächsen und unzähligen Rosen geschmückte Garten wird Joséphine inspiriert haben, und wäre sie zu diesem Zeitpunkt bereits im Besitz von Malmaison gewesen, hätte ‚Mutabilis' wohl nicht auf den Schweizer Botaniker warten müssen.

‚Mutabilis' – drei Farben, eine Rose. Hier mit Herbstastern

MEIN TIPP FÜR SIE:

Umgeben von dem rötlichen Blau der Herbstastern wirkt ‚Mutabilis' besonders schön. Für den Sommer wähle man Jakobsleiter, *Erigeron* und Storchenschnabel *(Geranium)* ‚Gravetye', ‚Baby Blue', ‚Orion', ‚Spinners', ‚Mrs. Kendall Clark', ‚Kashmir Blue' oder ‚Philp Vapelle'. Der Bartfaden *(Penstemon)* ‚Heavenly Blue' und ‚Coccineus' in leuchtendem Orange stimmen ein in das blau-orange Farbenspiel.

„Sweet Pretty' im Garten „Prairie de Roses"

„Sweet Pretty'

SCHÖN WIE DIE KIRSCHBAUMBLÜTE

Als ich im Herbst 2005 die Baumschule BKN Strobel bei Pinneberg aufsuchte, um die Rose ‚Schloss Ippenburg' kennen zu lernen, fiel mir ‚Sweet Pretty' auf, die einige Reihen entfernt von ‚Schloss Ippenburg' stand. An einem filigranen, aber kräftigen Busch öffneten sich kleine dunkelrosafarbene Knospen zu Blütentellern, die großen Kirschblüten glichen.

‚Sweet Pretty' ist eine Beetrose, deren Schicksal es ist, in großen Mengen zur Flächenbegrünung eingesetzt zu werden. Sie hat es jedoch nicht verdient, in der Masse unterzugehen. Diese schlichte Rose, deren Poesie und Bescheidenheit an Buschwindröschen und Obstblüten erinnert, rührte mich. Einen Moment war ich sogar geneigt, ‚Sweet Pretty', dieses „schlichte Bauernkind", der Rose ‚Schloss Ippen-

MEIN TIPP FÜR SIE:

‚Sweet Pretty' mit den Gräsern *Panicum virgatum* ‚Rehbraun' oder ‚Shenendoah', *Calamagrostis acutiflora* ‚Karl Foerster' in Gesellschaft von *Gaura, Ratibida*, Lein, Skabiose, Storchenschnabel, *Achillea*, rosa Nachtkerze, Sterngladiolen und Myrtenaster.

Schön wie eine Kirschbaumblüte – ‚Sweet Pretty'.

burg', der „mondänen Dame", vorzuziehen. ‚Sweet Pretty' erinnert mich an die Sakura, die Kirschblüte, die in Japan für Schönheit, Aufbruch und Vergänglichkeit steht. In Japan ist das Fest der Kirschblüte eine Nationalfest und die Nachrichten berichten zwischen Ende März und Anfang Mai regelmäßig über den jeweiligen Stand der „Kirschblütenfront", die in diesen fünf bis sechs Wochen vom Süden Japans bis nach Hokkaido wandert. Es ist das Fest des Frühlingsanfangs, das japanische Familien unter blühenden Bäumen mit Familien und Freunden feiern, wie sie auch das Ende des Sommers mit dem Fest des fallenden Herbstlaubs begehen. In Japan werden Pflanzen und Blumen verehrt und geliebt und ihre Bedeutung geht weit über ihre Funktion als Gestaltungselement und Dekorationspflanze hinaus. Dort hat alles eine Bedeutung und jedes einzelne Wesen, jeder Gegenstand hat seinen Wert. Diese Erfahrung, die ich während eines Japanaufenthalts machte, hat meine Beziehung zu Pflanzen nachhaltig geprägt. Ich habe ‚Sweet Pretty' ein eigenes kleines, etwas erhöhtes Beet geschaffen, zusammen mit Lavendel, Schleierkraut, Spanischem Gänseblümchen, zartrosa Storchenschnabel, *Cleome*, *Eryngium* und dem Gras *Imperata cylindrica* ‚Red Baron'. Wenn ich an ihrem Beet vorbeikomme, denke ich an Sakura und Kyoto und an die „éducation sentimentale", die mir dort zuteil wurde.

'Lovely Green'

MEIN TIPP FÜR SIE:

'Lovely Green' in einem „luftigen" Feld von grünen und grün-purpurnen Gräsern, mit *Echinacea* 'Green Envy', 'Alba', 'Mango', 'Pallida', 'Sundown', 'Sunrise' und 'Sunset', Engelwurz in Grün und Purpur (*Angelica gigas*), *Sanguisorba, Gaura, Persicaria amplexicaulis* und den *Hemerocallis* 'So Lovely' und 'Summer Wine' – ein sehr elegantes Farbenspiel!

Grüne Rosen

GEHEIMNISVOLL UND ELEGANT

Es gibt zwei sehr unterschiedliche Arten von grünen Rosen: die Historische Chinarose *Rosa chinensis* Jacq. 'Viridiflora' und die modernen Züchtungen 'Jade', 'Greensleeves' oder 'Lovely Green'. 'Viridiflora' habe ich seit vielen Jahren in meinem Garten. Der Katalog der Schweizer Rosenschule Huber war mein erster deutschsprachiger Rosenkatalog. Als ein auf England fixierter Autodidakt dachte ich, es gäbe in Deutschland keine Rosenzüchter, die mehr als 'Mainzer Fastnacht', 'Münchner Kindl' oder 'Lilli Marleen' im Angebot hätten, eine Borniertheit, für die ich mich durchaus geniere, mit der ich aber absolut nicht allein dastehe. Der zum Fürchten elegante Rosen-Huber-Katalog und die darin vorausgesetzte Kennerschaft erfüllten mich mit Scheu. Und wie es so kommt, wenn man als Außenstehender eine geschlossene Gesellschaft betritt, man hält sich an jene, die auch nicht dazu zu gehören scheinen. Ich wählte und bestellte nur 'Viridiflora', auch „Rosa monstrosa" genannt und in der Fachwelt eher als hässliche Kuriosität denn als gartenwürdige Pflanze angesehen. Ich bestellte gleich mehrere Exemplare. Erstens, weil es mir peinlich war, diesem „Rosentempel" nur eine Rose zu „entleihen", zweitens, weil mir schon damals klar war, dass die Ippenburger Dimensionen immer das Fünffache des Normalmaßes verlangen. Bei Besuchern stößt meine Begeisterung für diese Rose, deren grün-kupferrote Knospen gleichfarbige blattartige und gefranste Blütenblätter hervorbringen, allgemein auf Unverständnis. Zugegeben, sie hat etwas Autistisches in ihrem Wesen, was es kaum möglich macht, sie einem gestalterischen Konzept zu unterwerfen. Aber vielleicht ist das gerade ihr Reiz. Ganz anders dagegen die 'Lovely Green'. Sie wurde 2004 von Meilland/BKN Strobel gezüchtet und hat eine gefüllte pastellgrünrosa überhauchte Blüte. Besonders wohl fühlt sie sich im „Prairie de Roses"-Garten zwischen „trockenen" Gräsern und luftigen, filigranen Stauden. Dort entfaltet sie ihre Knospen zu einer vornehmen, geheimnisvollen Blüte, während sie zwischen schweren, „feuchten" Blattstauden, ähnlich wie 'Souvenir de la Malmaison', zur „Mumienbildung" neigen kann.

MEIN TIPP FÜR SIE:

Kombiniert mit den Austin-Rosen ‚Golden Celebration' und ‚Comtes de Champagne', *Geranium magnificum, Campanula lactiflora* und *persicifolia, Nepeta* ‚Walkers Low', weißem Fingerhut und weißen Lilien – ein sonniges, elegantes Beet! Phlox ‚Blauer Morgen' und tiefviolette Herbstastern verlängern die Saison!

‚Pat Austin'
DAS KIND BERÜHMTER ELTERN

,Pat Austin' hat das schönste Orange!

Zum Beispiel Gelb. Die meisten Männer lieben gelbe Rosen, die meisten Frauen lehnen sie ab. Gelb ist eine männliche Farbe. Grünliches Gelb wird als giftig empfunden, rötliches Gelb wird zu Goldgelb und hat eine positive Wirkung auf den Betrachter. Ein Gelb, das Grün und Rot in ausgewogenem Maß enthält, ist ein neutrales, oft stumpfes, wenig inspirierendes Gelb; ihm fehlt die Ambivalenz, die Poesie, der Zauber. Es gibt Beetrosen in diesem neutralen vordergründigen Gelb. Sie sind es, die das Bild der gelben Rose geprägt haben. David Austin hat 1983 mit der Rose ‚Graham Thomas' eine gelbe Rose eingeführt, die Maßstäbe setzte. Ihr kräftiger Wuchs, das frische Grün ihrer Blätter, die locker gefüllten Blütenschalen, der zarte Duft und das satte Goldgelb machten sie zu einer der berühmtesten und beliebtesten Rosen weltweit.

Im Jahr 1984 erschien ‚Heritage' in schönstem Rosa, mit vollendeter Blütenform und kräftigem Duft, eine der besten und bekanntesten Englischen Rosen, gefolgt 1985 von der dritten im Bunde der Sensationen und mindestens so berühmt, beliebt und begehrt wie ‚Graham Thomas' und ‚Heritage', der Rose ‚Abraham Darby', die seltsamerweise von zwei Modernen Rosen abstammt, der gelben Floribunda ‚Yellow Cushion' (1966) und der Kletterrose ‚Aloha' (1949). ‚Abraham Darby' ist eine meiner besten, zuverlässigsten und schönsten Rosen. Ihr herrlicher Duft und ihre Farbe sind voller Poesie und Sinnlichkeit, ihr üppiger Wuchs und ihre glänzenden Blätter wirken kräftig und vital. Und nun ‚Pat Austin': Die Schönheit dieser Blüte spottet jeder Beschreibung. Sie hat die Farbe reifer Orangen mit einem Schleier von Bernstein oder Kupfer, ihre Blütenblätter sind wie Schalen aus feinstem Porzellan. Sie ist etwas zarter im Wuchs als ihre berühmten Eltern, die Herren ‚Thomas' und ‚Darby', deshalb trägt sie wohl auch einen weiblichen Namen, Pat Austin, benannt nach der Frau des Züchters.

Der Garten „Rosenblütenfülle" für das „Fest der Rose" –
2002 von Ursula Gräfen aus Freising geschaffen

„Im Rosenbeet glühen Mysterien.
Ihr Geheimnis ist in der Rose verborgen."

PERSISCHER DICHTER

Ein altmodischer Rosengarten

Das „Fest der Rose" 2002 bescherte mir herrliche Rosengärten, von denen heute noch drei vollständig, wenn auch zum Teil etwas verändert, erhalten geblieben sind. Den Part der Historischen Rosen übernahm damals Ursula Gräfen aus Freising und schuf mit ihrem Garten „Rosenblütenfülle" einen Garten in strenger geometrischer Ordnung, am Ufer der Schlossgräfte. Historische Rosen mit klangvollen Namen wie ‚Charles de Mills', ‚Comte de Chambord', ‚Felicité Parmentier', ‚Leda', ‚Mrs. John Laing', ‚Mme Boll', ‚Penelope', ‚Province Panaché', ‚Reine des Violettes', ‚Tuscany Superb' und ‚Zephérine Drouhin' stehen zwischen Stauden und Gräsern. Blau in allen Nuancen ist die Hauptfarbe der Stauden. Die Rosa-Rot-Schattierungen alter Rosensorten haben immer einen leichten Blauanteil, während die Blautöne der Stauden viel Rot enthalten. Vier Salbeiarten, Astern, Jakobsleiter, Glockenblume, *Calamintha*, Skabiose und Katzenminze schimmern hell- bis tiefdunkelblau, vier Sorten *Geranium* leuchten in Himmelblau bis Magenta. Die Farbe Blau bringt gleichermaßen Harmonie, Abwechslung und Spannung in die Pflanzung und vermittelt zwischen der Farbpalette der Rosenblüten, während *Hosta*, *Monarda* und *Sedum*, zusammen mit verschiedenen Gräsern und Taglilien, dem Beet Struktur und Halt verleihen und zugleich die Purpur- und Rottöne der Rosen reflektieren. Dieser Garten hat den Zauber alter Rosengärten – er erinnert an vergangene Tage, an Lavendelduft und Spitzentaschentuch. Er ist feminin, aber kraftvoll, romantisch, aber nicht kitschig. So wie die Rose die Gegensätze von zarter Blüte und wehrhaften Dornen in sich vereint, spielt auch dieser Garten mit der Gegenüberstellung von Kontrasten. Am schönsten ist er in den frühen Morgenstunden, wenn auf den grauen Blättern der Rosen der Tau aufblitzt, wenn die Fassade des mächtigen Schlosses sich träge in der breiten Wasserfläche des Schlossgrabens spiegelt und ein Eisvogel pfeilschnell vorüberschießt. Historische Rosen müssen unter sich bleiben, sie gehören in eine andere Welt.

MEIN TIPP FÜR SIE:

Lavendel, Katzenminze, Quendel (*Calamintha*), Fetthenne (*Sedum*), Jakobsleiter oder Storchenschnabel, Bartnelken, Indianernessel in Rosa, Mauve und Violett, Spornblume (*Centhrantus*), Lilien, *Hosta*, *Allium*, Salbei, *Veronica*, *Stachys* und vieles mehr passt zu dem vornehmen Charme Historischer Rosen.

Zufallsbekanntschaften und
gewagte Mischungen

Das Gelb der *Coreopsis*, genannt Mädchenauge, verträgt sich nicht mit den umgebenden Rosen. Deshalb musste die Staude im Herbst „umziehen".

Bei der Gestaltung von Rosenbeeten setze ich mich gern über alle Regeln hinweg, denn die meisten Regeln sind veraltet. In den vergangenen Jahrzehnten haben sich sowohl das Aussehen der Rose als auch die Meinungen über die Möglichkeiten der Gestaltung mit Rosen vollkommen verändert. Es ist ein Prozess, der noch nicht abgeschlossen ist. Es herrscht eine große gestalterische Freiheit, die eine ebenso große Unsicherheit zur Folge hat. Der Rückgriff auf oben geschilderte alte Muster und Vorbilder ist dabei der Weg des geringsten Risikos und nach wie vor Stil bestimmend für den zeitgenössischen Rosengarten. Ich liebe das Risiko. Ich fordere die „Königin der Blumen" gern heraus, konfrontiere sie mit Extremen. Begonnen hat alles mit der Rosenspirale: Für das Rosenfestival 2002 legte ich auf der Inselspirale einen Rosengarten an. Die Grundstruktur der Insel hatte 2001 Cornelia Müller vom Atelier „Lützow 7" aus Berlin geschaffen und mit Kapuzinerkresse, *Canna indica* und 1.000 Holzstangen in den Farben Gelb bis Dunkelorange in ein Farbfeuerwerk verwandelt. Nach Entfernen der Sommerblumen herrschte auf der Insel der ebenso heiß ersehnte wie auch gefürchtete Zustand der Tabula rasa. Ich bestellte 600 Duftedelrosen des Züchters Kordes: 100 weiße ‚Evening Star', etwa 100 dunkelrote ‚Barkarole' und ‚Mildred Scheel' und die restlichen 400 setzten sich aus 13 verschiedenen Sorten in den Farben Creme bis Orange und Kupfer zusammen. Dem Moment ihrer Ankunft fieberte ich entgegen, immer noch unentschlossen, wie ich sie anordnen würde. Als sie schließlich eintrafen, stürzte ich mich einfach hinein: Die weißen und roten Rosen wurden gleichmäßig auf die ganze Fläche verteilt, der Rest gemischt wie ein Kartenspiel dazwischen gesetzt. Mit Stauden und Sommerblumen, die ich zwischen die Rosen pflanzte, verfuhr ich in den Folgejahren ähnlich, woraus sich oft gewagte Mischungen, aber auch wunderbare Zufallsbekanntschaften ergaben. In einem Fall musste ich allerdings eingreifen: Das gelbe Mädchenauge (*Coreopsis*) landete zwischen ‚Hamburger Deern' und ‚Königin der Rosen', die beide ein wenig zu Rosa tendieren, sodass *Coreopsis* wieder gehen musste. Es gibt zwar kaum Tabus, aber gelbe *Coreopsis* oder *Rudbeckia* zu rosafarbenen und roten Rosen sind brutal – jedoch leider durchaus verbreitet.

MEIN TIPP FÜR SIE:

Edelrosen, moderne Strauchrosen und hohe Beetrosen kann man sehr gut zusammenpflanzen und mit Stauden und Sommerblumen kombinieren. Englische Rosen vertragen sich sowohl mit den Historischen Rosen als auch mit den Märchenrosen (Kordes), den Romantica-Rosen (Meilland) und entsprechenden Neuzüchtungen von Delbard oder Harkness. Kleinstrauchrosen, so genanntes Verkehrsbegleitgrün, sind schwer mit anderen Rosen zu kombinieren.

‚Schloss Ippenburg'

IN ARISTOKRATISCHER GESELLSCHAFT

Ein Beet für die Rose ‚Schloss Ippenburg'
mit weißem Rittersporn, weißem Phlox, Lilien
und der eleganten *Lobelia tupa*

Die Rose ‚Schloss Ippenburg' ist in jedem Stadium der Blüte schön und duftet wunderbar.

Im Sommer 2006 wurde die Rose ‚Schloss Ippenburg' getauft. Sie sei rosa – zartrosa –, so hatte man mir am Telefon gesagt. Das machte mich nervös. Rosa zählt nicht zu meinen bevorzugten Farben. Ich liebe alles, was sich zwischen Goldgelb und Rubinrot bewegt. Aber ich würde kommen, um sie anzusehen, versprach ich. Rosenfelder von der Größe unserer Rübenäcker durchquerend näherte ich mich der Abteilung ‚Schloss Ippenburg', dabei andere rosafarbene Kandidaten aus dem Augenwinkel betrachtend und begleitet von der Angst, die Rose könnte pink sein! Schließlich stand sie vor mir. Ihr Anblick machte mich verlegen. „Sie ist viel zu aristokratisch für mich" äußerte ich und schmunzelte im gleichen Augenblick über die Absurdität meiner Aussage. Schließlich sollte sie ‚Schloss Ippenburg' heißen und „schlossig" war sie allemal. Ihr Duft, ihre Farbe und die Eleganz ihrer Knospen und Blüten beeindruckten mich. Mir war klar, dass ich sie nicht einfach irgendwo in eines meiner wilden Beete stecken konnte. Sie ist, ähnlich wie die ‚Schwarze Madonna', eine Rose, die Respekt und Ehrfurcht einflößt, die man nicht liebt, aber um so mehr begehrt. „Ich werde ein eigenes Beet für sie machen müssen", setzte ich meine lakonische Begutachtung fort. „Und", fragte der Züchter besorgt, „gefällt sie Ihnen?" „Sie ist wunderbar! Ich bin begeistert. Sie fordert mich heraus. Das ist die beste Voraussetzung für eine lang anhaltende Freundschaft." Auf dem Rückweg entwarf ich vor meinem inneren Auge den Garten für die noble Dame, die nun ab 2006 bei uns Quartier nehmen wollte. Sie braucht eine aristokratische Gesellschaft in ihrer Umgebung, soviel stand fest. Und am besten gleich ein weißer Garten, da macht man erst mal nichts verkehrt: weißer Phlox, weißer Rittersporn, weiße Lilien, weißer Ziertabak, Salomonssiegel, weiße Akelei und als Krönung *Lobelia tupa*, für die ich gerade einen neuen Platz suchte und die mit ihren eleganten rauhen Blättern und ihren scharlachroten Kandelabern der Rose ‚Schloss Ippenburg' wahrhaft ebenbürtig ist.

MEIN TIPP FÜR SIE:

Selbstverständlich lässt sich ‚Schloss Ippenburg' auch ganz anders kombinieren. Sie wird leicht über einen Meter hoch und kann es deshalb gut mit robusten „Gegenspielern" aufnehmen. Wie wär's mit Meerkohl *(Crambe cordifolia)*, Mohn ‚Patty's Plum' und ‚Perry's White', *Geranium psilostemon*, Rittersporn oder mit großblättriger blaugrauer *Hosta*?

Eine Insel
im wogenden Gräsermeer

MEIN TIPP FÜR SIE:

Pflanzen Sie sich auch einen „Rosentempel". Er muss ja nicht 600 Quadratmeter groß sein! Vier mal vier Meter oder vielleicht ein Oktogon, ein paar Pfosten, ein paar Balken mit duftenden weißen und cremefarbenen Kletterrosen berankt – so einfach ist das. Und das Ergebnis ist überwältigend!

Die „Roseninsel" von Anita Fischer
aus Freising und Christopher Bradley
Hole aus London entstand zum
„Fest der Rose" 2002 in Ippenburg

Die „Roseninsel", die Christopher Bradley Hole und Anita Fischer 2002 zum „Fest der Rose" entwarfen, gleicht einem umgedrehten Schiffsbug, der auf einer Sandbank in einem Meer aus Gräsern gestrandet ist. Ein elliptischer „Korb" aus Weidengeflecht umspannt eine Fläche von mehr als 600 Quadratmetern. An seinen Pfosten aus Weidenstämmen ranken über 150 weiße, cremeweiße und pastellgelbe duftende Kletterrosen und Rambler empor, die den Korb im Juni mit einem wahren Blütenschaum bedecken. Aphrodite, der „Schaumgeborenen", ist die Rose geweiht. Als sie dem Meer entstieg, so der antike Mythos, erblühten Rosen unter ihren Schritten. Die Göttin verlieh der Rose ihre Schönheit, Dionysos schenkte ihr den Duft und die drei Grazien gaben ihr Anmut und Glanz. Ein wahrhaft dionysisches Duftschauspiel liefern diese Rosen, die der englische Züchter, Rosenliebhaber und Sammler Historischer Rosen, Peter Beales, für die „Roseninsel" zur Verfügung gestellt hat. Heute, nach sechs Jahren, haben die Rosen den „Korb" vollends überwuchert. Bis zu sechs Meter lange Ranken schlingen sich um die Weidenstäbe oder werden mit Drähten um die Pfosten gebunden. In den ersten Jahren umwickelte ich im Winter jeden einzelnen Pfosten mit Rosenflies, zum Schutz gegen den Frost, aber da die letzten Winter so warm waren, verzichtete ich im vergangenen Jahr darauf. Zum Glück, denn die Angriffsfläche für den Sturm „Kyrill" wäre so groß gewesen, dass es das Aus für den aphrodisischen Schaum und dionysischen Duft bedeutet hätte. So hatte der „Schiffsbug" lediglich „Schlagseite" und in mühevoller Arbeit gelang es uns, einzelne Pfosten zu ersetzen und die Insel wieder ins Lot zu bringen. Die Blüte dieses „Rosentempels" ist der Höhepunkt des Ippenburger Gartenjahrs. Aber sie währt nur zwei bis drei Wochen und ist ebenso flüchtig und vergänglich wie jeder wahre Luxus. Wer einmal an einem warmen Junitag durch die wehenden Gräser gegangen ist, wer den süßen, fast schweren Duft eingeatmet hat und entdeckt, dass der Lärm über seinem Kopf, der wie das monotone Brummen ferner Helikopterschwärme klingt, das Summen Tausender Bienen ist, die zwischen dem weißen Rosenschaum und dem blausten aller blauen Himmel herumsummen, vergisst es nie!

Blick durch die „Roseninsel" auf die Fontäne „Tarax" des Künstlers Ugo Dossi aus München

MEINE KLEINE

Rosenprärie

Gras und Rosen! Mit Gräsern kann man eigentlich alles erreichen. Als im Jahr 2000 die Redaktion des Magazins FLORA gemeinsam mit dem Staudenzüchter Peter zur Linden den „Flora-Rosengarten" anlegte, verwendeten sie neben Stauden und Gehölzen die Gräser *Molinia*, *Stipa*, *Carex* und *Arundo donax* als Begleitung für die Historische Rosen und die „Malerrosen" des Züchters Delbard aus Frankreich. Dieser Garten gleicht heute einem verwunschenen, verzauberten Ort. Rosen, Gräser und Stauden wuchern, klettern und verfangen sich ineinander, es ist der Ort, an dem Baudelaire zufrieden gewesen wäre, denn er forderte: „Landschaft" – in diesem Fall ein Garten – „soll verschlingen oder gar nicht sein". Neben rankenden, kletternden und wuchernden Stauden und Rosen sind es die Gräser, die uns diesem Zustand am nächsten bringen. Sie verleihen jedem Beet den Charakter der Wildnis und verwandeln sogar die edelsten Rosen in verwegene Nymphen oder flüchtige Luftgeister. Gräser sind die wahren Zauberer im Blumenbeet. Sie fangen den Wind ein, reflektieren das Sonnenlicht und spiegeln die Regentropfen in ihren Halmen. Mit ihrem mächtigen Rauschen bei Sturm und Regen, ihrem Flüstern im Sommerwind und ihrem Knistern und Rascheln beim ersten Frost stimmen sie ein in die geheime Melodie der Jahreszeiten. Gräser sind der ideale Begleiter für Rosen. Sie nehmen der Rose ihre Eindeutigkeit, zu der sie als ewige Solistin immer noch neigt, und verleihen ihr die Ambivalenz von Vollendung und Vergänglichkeit, durch die ihre Schönheit erst entsteht. Es ist nicht nur „Melodie" und „Lied", es ist auch die symbolische Bedeutung, die Gras zum „Memento mori" und zum Aufruf des „Carpe diem" machen. „Alles Fleisch ist Gras... Das Gras verdorrt, die Blume

Eine meiner Lieblingsrosen: ‚Ghislaine de Féligonde' im Garten „Prairie de Roses"

verwelkt; denn des Herrn Odem bläst darein. Ja, Gras ist das Volk! ..." (Jes 40, 6–8) oder „... sie sind wie ein Schlaf, ... wie Staub und Gras, das morgens blüht und abends abgehauen wird und verdorrt." (90. Psalm) Ich bin versucht, alle meine Rosen mit Gräsern zu umgeben, drohe seit einigen Jahren in einen „Gräserrausch" zu geraten, dem ich nur deshalb nicht vollends erliege, weil ich verhindern möchte, dass die Verwendung von Gräsern in meinem Garten die Beliebigkeit erfährt, die bereits bei Gartenschauen und in Gartencentern festzustellen ist. Als ich die Gartendesigner Eric Ossart und Arnaud Maurières im Herbst 2005 bat, einen Rosengarten für die Rosen des Züchters Meilland/BKN Strobel zu entwerfen, war mein Glück vollkommen, als ich schließlich ihren Plan in Händen hielt und den Titel las: „Prairie de Roses". Sie schrieben dazu: „Das Prinzip dieses Rosengartens ist es, eine radikal neue Verwendung der Rose im Garten zu zeigen. Gegenüber dem herkömmlichen edlen und anspruchsvollen Eindruck (aspect sophistiqué) steht in diesem Garten der Aspekt der Spontaneität im

Vordergrund. Die Begleitpflanzen sind verschiedene Stauden und Gräser, die alle unter dem Aspekt der Natürlichkeit und Wildheit ausgesucht wurden. Diese ‚Prärie' soll den Eindruck einer Blumenwiese erwecken (champs de fleurs)." Ich habe das so ausführlich zitiert, weil es den Kern meines eigenen Gestaltungsideals trifft und beschreibt. „Wiesenhaft" sollen die Beete sein, sie sollen wirken wie orientalische Teppiche, byzantinische Mosaiken oder Wandteppiche aus dem „Musée Cluny" in Paris. Zu den ursprünglich vorgeschlagenen Pflanzen der „Prärie", *Molinia, Deschampsia, Verbena bonariensis, Echinacea purpurea, Gaura lindheimeri, Kalimeris incisa* und *Gillenia trifoliata,* habe ich in diesem Jahr noch verschiedene Skabiosen, rotblättrige Nachtkerzen, *Eryngium*, neue Kokardenzüchtungen, wildes *Erigeron* und *Echinacea* ‚Sunset' hinzugefügt. Die Rosen ‚Alba Meidiland', ‚Pearl-', ‚Soft- und ‚Ice Meidiland', ‚Ghislaine de Féligionde', ‚Sweet Pretty' und die grüne Rose ‚Lovely Green' werden im kommenden Jahr die Höhe der Gräser erreicht haben. Dann ist die Wirkung der Blumenwiese vollkommen, aber schon in diesem Jahr zählte meine kleine „Rosenprärie" zu den schönsten Garten in Ippenburg.

Der Garten „Prairie de Roses" von den Franzosen Eric Ossart und Arnaud Maurières aus dem Jahr 2006: Die Gräser *Deschampsia* und *Briza, Gaura lindheimeri,* Kokardenblumen, *Echinacea purpurea* ‚Sunrise', *Verbena bonariensis* und die Rose ‚Alba Meidiland'

MEIN TIPP FÜR SIE:

Schwer zu sagen, welches die schönsten Gräser sind. Ich liebe besonders *Molinia* ‚Heidebraut' oder ‚Karl Foerster', *Miscanthus sinensis* ‚Gracillimus' und ‚Morning Light', *Stipa*, besonders *Stipa tenuissima*. Dann die grauen *Leymus arenarius* und *Festuca glauca* sowie *Briza media*, *Calamagrostis* ‚Karl Foerster', *Deschampsia* und *Panicum*. Pennisetum mag ich nicht so gern, wegen seiner Blüten, die mich an ‚Karnickelschwänze' erinnern.

Schafgarbe, Currykraut, Katzenminze und andere graulaubige Stauden und Gräser wie *Macleay* und *Leymus* bilden einen sanften Akkord zu den Rosen und Taglilien in leuchtendem Rot und Orange.

„Dieser Garten macht einfach glücklich!"

Noch einmal der Harkness-Rosengarten. Jane Schul aus Dänemark entwarf ihn 2002 für das „Fest der Rose" und nannte ihn „Borderline Rose Garden". Ein Rosengarten als Grenzfall oder ein grenzüberschreitender Rosengarten? Sie wollte die maskulinen Eigenschaften der Rose in den Mittelpunkt stellen, ihre „dornige und farbenfrohe Aggressivität", durch die die Rose in ihrer „ganz eigenen Sprache die uralte Lust an der Entdeckung neuer Erfahrungen und Möglichkeiten" vermittelt. Sie sollten dadurch „sowohl formal als auch inhaltlich den architektonischen Rahmen durchbrechen", den die Künstlerin ihnen in diesem Garten zugeteilt hatte. „Der Mangel an formaler Klarheit und Struktur, der die Rose auszeichnet, sollte durch die architektonischen Elemente ausgeglichen werden, während das in allen Varianten vorherrschende Grau der Mauern, Wege, Stauden und Gräser die Vitalität und Unbändigkeit der Rose" betont. Es ist wichtig, diesen einführenden Text der Künstlerin ausführlich zu zitieren, weil er auch heute noch, trotz zahlreicher Veränderungen, die ich in dem Garten seit einigen Jahren vorgenommen habe, den charakteristischen Ausdruck und die Besonderheit dieser Komposition genau beschreibt. Der „Borderline-Rosengarten" war ein moderner *Hortus conclusus*, umgeben von fast zwei Meter hohen Betonmauern, mit streng formalen Rasenflächen und gepflasterten „Höfen", aus denen die Rosenbeete wie Flammen oder Zungen herausragten – aus dem geschlossenen, ummauerten Garten heraus ins freie Feld. In den Beeten im Innern herrschte eine dornige, feurige Farbanarchie aus leuchtendem Scharlachrot, Orange und Goldgelb, während die „Flammen" und „Zungen", außerhalb der Mauern allmählich an Höhe und Dramatik verloren und in ein milderes Pastellrosa und -orange übergingen. Die Mauer blieb zwei Jahre stehen, dann musste sie weichen. Sie eignete sich für eine temporäre Installation, war spektakulär und monumental, aber für einen Garten zu brutal, zu aggressiv. Sie widersetzte sich zu offensichtlich den Gesetzen der Natur, und in dem Maße, wie der Garten den Zustand des Temporären überwand, verlor die Mauer an Berechtigung und wurde mehr und mehr zum störenden Element. Ich ersetzte sie durch eine Hecke aus Sanddorn und Ölweide, entfernte die „Zungen" und „Flammen" und füllte die gepflasterten „Hofflächen" mit den verbleibenden Pflanzen. Das große Becken, das einen Swimming Pool darstellte und mit schneeweißem Sand gefüllt war, verwandelte ich in ein Meer aus Frauenmantel und *Lysimachia ciliata* ‚Firecracker', das sich im Juni und Juli in ein attraktives Farbspiel aus gelblich-

MEIN TIPP FÜR SIE:

Neben den feuerroten Rosen ‚Julie Y', ‚Pride of England', ‚Remembrance', sorgen die orangeroten ‚Fellowship', ‚Alexander', ‚Rosemary Harkness' und ‚Betty Harkness' für „Aufruhr" in diesem herrlichen Garten. Besonders die Kombination von ‚Julie Y' mit *Lysimachia ciliata* ‚Firecracker' und der darauf folgenden *Lobelia fulgens* ist eine Sensation, ebenso wie ‚Betty Harkness' mit *Euphorbia griffithii* ‚Fireglow'!

grün und braunrot verwandelte. Den grauen Strandhafer, der in zwei quadratischen Flächen inmitten der Rasenflächen wuchs, verteilte ich gleichmäßig auf die gesamte Gartenfläche zwischen Rosen, *Eryngium*, *Hosta* und *Macleay* und füllte die Beete von Jahr zu Jahr mit Schafgarbe, Currykraut, Yucca, Nachtkerzen, Königskerzen, *Euphorbia* und *Hemerocallis* in leuchtenden Farben. Eine feuerrote Lobelie tauchte plötzlich aus der Versenkung auf; sie stammte, wie auch das schwarze Veilchen, die rotblättrige *Lysimachia* und der rote Amaranth – den ich nicht mag, aber dennoch stehen lasse – aus dem Garten „Le Rouge et Le Noir", der 2001 an gleicher Stelle gestanden hatte. Die verborgenen Schichten des Gartens, der Garten als Palimpsest. Ein faszinierendes Kapitel, das hier nur angedeutet wird, weil es den Rahmen dieses Buches sprengen würde.

Heute heißt der Garten schlicht der „Graue Garten". Innerhalb der zwei Hauptkomponenten, den feurig-aggressiven Rosen des englischen Züchters Robert Harkness und den grauen Gräsern und Stauden, herrscht in diesem Garten anarchische Freiheit. Alle Blüten, die in den Farben des Feuers blühen, oder

Currykraut, *Hosta* und die Nachtkerze ‚Apricot Delight', feurige Rosen, Taglilien und leuchtende Königskerzen – eine gewagte Kombination!

aber Pflanzen, die graue beruhigende Blätter haben, machen hier Station oder bleiben auf Dauer. Die allmähliche Veränderung dieses Gartens, von einer temporären Installation zu einem dauerhaften Garten unter Berücksichtigung der Konzeption der Künstlerin, war eine Herausforderung für mich und ich betrachte den Prozess als noch nicht abgeschlossen. Die „Besucherwellen" teilen sich hier in Schock und Entzücken. „Dieser Garten macht einfach glücklich!" sagen die einen. „Rosen in einem solchen Chaos?" fragen die anderen. Unberührt und gleichgültig bleibt keiner. „Borderline" – Grenzfall oder grenzüberschreitend? „Das unmittelbare Anschauen der Dinge ist mir alles, Worte sind mir weniger als je …" sagt Goethe. Man kann Rosengärten nicht beschreiben, man muss sie anschauen.

Mein schönster Rosengarten!

Im Jahr 2000 erhielt ich eine Anfrage von Austin-Roses aus England bezüglich der Anlage eines Rosengartens in Ippenburg. Stolz und Freude waren meine erste Reaktion. Es war die Zeit, in der meine Leidenschaft für die Englische Rose sich gerade ihrem Höhepunkt näherte. Der Züchter plante einen Garten mit seinen Züchtungen im Kreise ihrer „Ahnen", den Historischen Rosen, und hatte für die Planung die Gartendesigner des englischen Ateliers Landart, Isabelle van Groeningen und Gabriella Pape, beauftragt. Dem Garten liegt ein strenges architektonischen Muster aus parallel verschobenen Trapezen und Parallelogrammen zugrunde, die von Katzenminze, Storchenschnabel und Frauenmantel eingefasst werden. Über 400 der schönsten Englischen und Historischen Rosen, von dunklem Purpur bis Bernsteingelb, von ‚Tuscany Superb' bis ‚Pat Austin', stehen zwischen *Campanula lactiflora*, *Thalictrum flavum* ssp. *glaucum*, weißem Fingerhut und weißen Kosmeen.

„Oh, wer um alle Rosen wüsste,
die rings in stillen Gärten stehn –
oh, wer um alle wüsste, müsste
wie im Rausch durchs Leben gehen."

CHRISTIAN MORGENSTERN

Es war zunächst nicht einfach, einen geeigneten Standort zu finden. Dem Garten gebührte ein ehrenvoller Platz in der Nähe des Schlosses, gleichzeitig sollte er etwas geschützt stehen, denn der norddeutsche Winter war zumindest damals mit dem englischen nicht zu vergleichen. Das Schloss ist von hohen, alten Buchen, Eichen und Platanen umgeben; der einzige Standort, der sich anbot, lag im Halbschatten und kam nur am frühen Morgen, am Nachmittag und Abend in den Genuss der Sonne. Wir wagten es und wurden belohnt. Einen schöneren Rosengarten kann es nicht geben! Zur Hauptblütezeit im Juni breitet sich eine verschwenderische Fülle und ein betäubender Duft über den Beeten aus. Die schönsten Blüten, die in den letzten fünfhundert Jahren entdeckt, gesammelt, geliebt und gezüchtet wurden, stehen hier gemeinsam an einem Ort – wie ein gigantischer Chor zum Lob der Schönheit.

‚Winchester Cathedral' und *Eglantyne* im Austin-Garten

Die Austin-Rosen ‚L.D. Braithwaite' und ‚Heritage' mit weißem Fingerhut ‚Snow Thimble'

MEIN TIPP FÜR SIE:

Austin-Rosen sind nicht empfindlicher als die meisten anderen Rosen! Achten Sie darauf, dass sie genug Wind abbekommen und dass sie tief genug gepflanzt sind. Düngen, spritzen und schneiden Sie sie mit Bedacht. Ich lasse die Rosen gern sehr hoch werden, es stört mich nicht, wenn sie ein wenig überhängen. Alle drei Jahre mache ich dann einen etwas gründlicheren Schnitt!

Die Rosen ‚Filipes Kiftsgate' und ‚Bobbie James' sind wie eine zweite Apfelblüte!

Die Lust
währt nur drei Wochen

Wenn man viele Historische und Englische Rosen in seinem Garten hat, dann ist der Frühsommer mit seinem Duft- und Blütenrausch der absolute Höhepunkt des Gartenjahres. Manchmal frage ich mich, ob die Ursache für dieses Glücksgefühl, das mich immer wieder aus dem Haus treibt, in den Obstgarten, wo sich weißer Rosenschaum über die Apfelbäume ausbreitet, wo der Duft mich umnebelt und mir die Sinne verwirrt, während Nachtigall und Kuckuck unaufhörlich schmettern und rufen – ob dieses Gefühl seine Intensität nur aus dem Wissen um den baldigen Verlust erhält, und wie es wohl wäre, wenn es drei Monate so weiterginge, was man es sich ja manchmal wünscht. Und ich verstehe die Japaner, die Feste feiern zu Ehren der Kirschblüte, Feste, bei denen sie mit der ganzen Familie unter blühenden Bäumen sitzen und in ausgelassenen Gelagen die kurze Zeit genießen. Bei uns gibt es so etwas nicht und es wäre albern, ein solches Fest einzuführen. So bin ich immerhin froh, wenn der Termin des Sommerfestivals in diese Zeit fällt, bemühe mich, sofern der Mondstand es hergibt, den Termin in den Juni zu verlegen und erreiche dadurch, dass sich immerhin Tausende an der Schönheit und Fülle erfreuen können. Doch nach der Lust kommt der Kater. Der weiße Schaum, dieser Engelswolkenschaum, wird braun und hässlich. Die Blätter neigen zu Mehltau, die erste Kompanie Blattläuse fällt ein, und aus Rosenlust wird Rosenfrust, aber auch das gehört zur Rosenleidenschaft, dieses Leiden an dieser großartigen, verschwenderischen Königin. Wer es gar nicht aushält und darüber hinaus Lust und Zeit hat, schneidet die braunen welken Blütenstände ab. Wer es nicht tut, wird im Herbst mit roten oder orangefarbenen Hagebutten belohnt und tut damit noch etwas Gutes für die Vögel, die uns mit ihrem Gezwitscher die Morgenstunden verschönern.

„Die Rosen liegen im Gras wie kleine Fetzen purpurroter Seide."

OSCAR WILDE

MEIN TIPP FÜR SIE:

‚Bobbie James', *Rosa filipes* ‚Kiftsgate' und ‚Paul's Himalayan Musk' sind die absoluten Stars in meinem Garten. Sehr stolz bin ich auf meinen vier Meter hohen ‚Maréchal de Niel', der über Winter allerdings „verpackt" werden muss. ‚Dorothy Perkins' wuchert, aber gefällt mir nicht sonderlich, und über die Möglichkeit, Veilchenblau gestalterisch sinnvoll zu integrieren, denke ich schon einige Jahre nach, ohne zu einem Ergebnis zu kommen.

Des Sommers letzte Rose...

‚Sweet Pretty' nach dem ersten Frost

MEIN TIPP FÜR SIE:

Ich schneide vor Winterbeginn alle Rosen etwas zurück, damit der Wind die Wurzeln nicht lockert oder sie gar herausreißt. Dabei lasse ich immer einige Blüten stehen, aus Lust an der Melancholie, die ich beim Anblick dieser letzten, vom Frost „kandierten" Rosen empfinde.

So vergeht der Sommer, noch ehe er richtig begonnen hat. Und zum Glück haben wir die Modernen Rosen, den Phlox, *Hemerocallis*, Indianernessel und all die Hunderte von Sommerblumen, die jetzt zum großen Crescendo ansetzen und unsere Augen ablenken von der traurigen braunen Masse verfaulender Blüten in den Bäumen, Hecken und Beeten. Es gibt keine Lust ohne Reue, nicht einmal im Garten. Und weil viele den Anblick des Verfalls nicht ertragen, weil sie die Hässlichkeit des Todes aus ihrem Leben ausblenden möchten, entschließen sie sich zur Kultivierung des beliebten Einerleis aus Rasen, Rhododendron und Berberitzen. Auch ich ertappe mich manchmal dabei, dass ich den Modernen Rosen den Vorzug gebe, weil sie den ganzen Sommer über blühen und meistens, wie es so schön heißt, sauber verblühen. Wenn ich dann aber Anfang September durch den Garten gehe, und sehe, wie die Englischen Rosen oder auch einige Historische Rosen eine üppige zweite Blüte abliefern und ihren Duft mit dem herbstlichen schweren Duft des späten Phlox geheimnisvoll verbinden, dann tue ich Abbitte. All die braune Hässlichkeit ist vergessen, der Tod war nur ein vorübergehender, es war der Schlaf, des Todes Bruder. Das kann man nur bei den Englischen und den Historischen Rosen erleben, und deshalb sind sie so wichtig. Nur eine solche Rose kann Friedrich Hebbel in seinem Gedicht gemeint haben, das er „Sommerbild" nannte:

„Ich sah des Sommers letzte Rose stehn,
Sie war, als ob sie bluten könnte, rot;
Da sprach ich schauernd im Vorübergehn:
So weit im Leben, ist zu nah am Tod!..."

Und wenn dann über Nacht der erste „silberhaar'ge Frost ... in die Purpurrose fällt" (Shakespeare) und die Rosen wie kandiert aussehen, die *Hosta* erbleicht und die Dahlien zusammensacken wie Stoffpuppen, aus denen man die Drähte entfernt hat, wenn die Sonnenstrahlen nicht einmal mehr über den Waldsaum klettern können und der Rauhreif auf den Schattenwiesen bis zum Abend liegen bleibt, dann kommt der Winter, diese herrliche Zeit, in der Tausende Blütenträume reifen, Zukunftspläne wachsen, Phantasiegärten entstehen und wieder verworfen werden, in freiem Spiel, ohne den unerbittlichen Gegenspieler des „Hier und Jetzt".

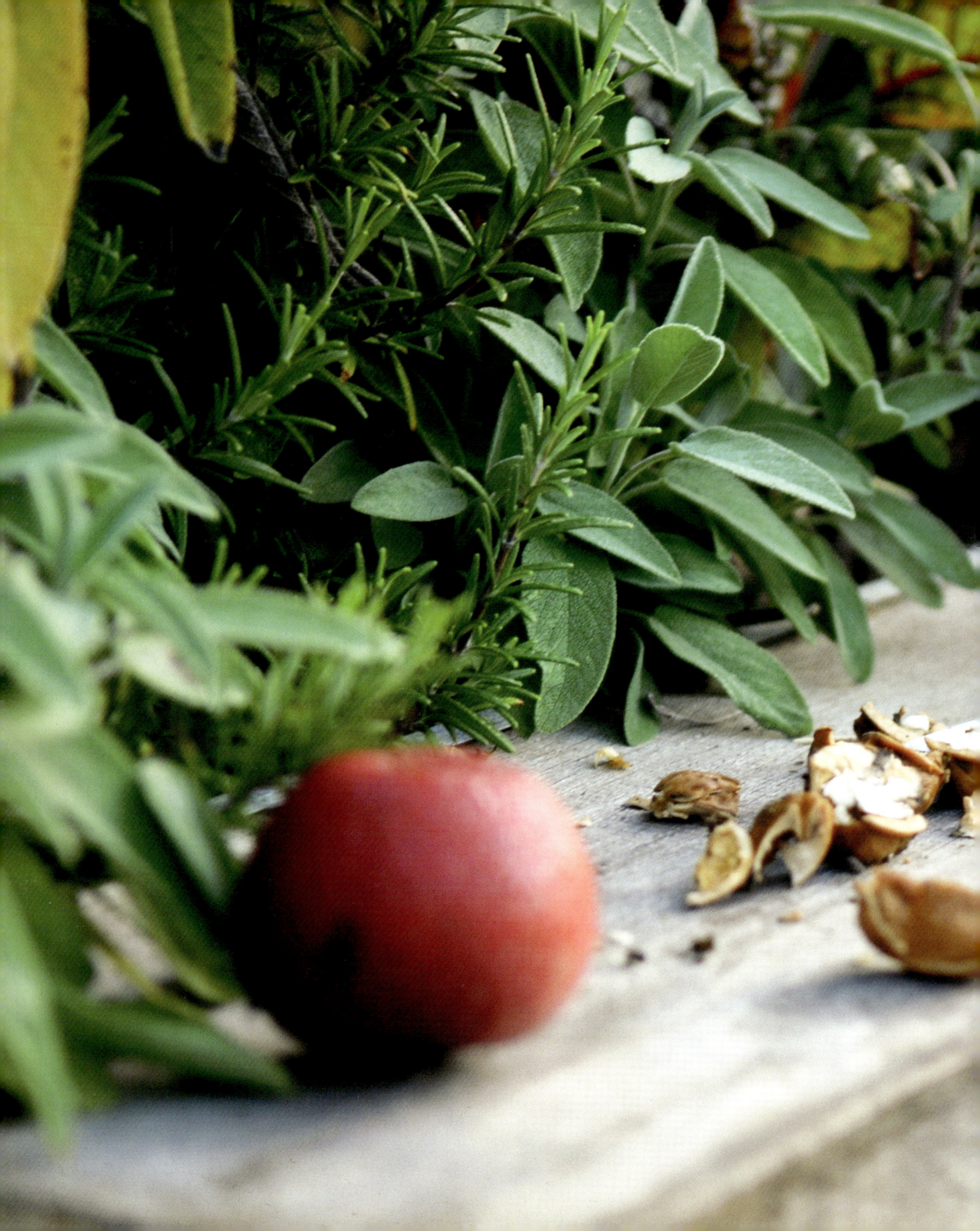

Der Küchengarten

Hier wohnt
das Glück!

Das alte Glashaus in sommerlichem Durcheinander

In allen Weltkulturen gilt der Garten als Ort der Sehnsucht und als Ursprung der Menschheit. Er heißt Arkadien oder Elysium, Dilum oder Avalon, *locus amoenus*, Jenseitsgarten, Eden oder Paradies. Er ist zugleich Vergangenheit, Gegenwart und Zukunft, in ihm herrscht die Einheit von Zeit und Raum. Er ist ein Ort irrationaler Sehnsucht und träumender Erinnerung, ein Ort von Lust und Liebe, Schuld und Tod.
Dieser Garten ist der „Urort" des Menschen, er ist die Schnittstelle von Diesseits und Jenseits, von Endlichkeit und Unendlichkeit und er ist unabhängig von Moden, Stil, Kunst oder Philosophie. Der Mythos „Garten" überlebt auch ohne sprachliche Überlieferung, weil er tief im Menschen verankert ist. Ein Mythos, für den jede Kultur eine eigene Sprache hat, der in Religion, Philosophie, Musik, Malerei und Literatur besungen, beschrieben und beschworen wird und den jeder Mensch auf

„Gott pflanzte als erster einen Garten. Und in der Tat ist dieses das reinste aller Vergnügen."

FRANCIS BACON

seine ganz eigene Weise erlebt. Und das ist das Schönste an dieser uralten Geschichte um den Garten: dass er weder Moral noch Gesetz, weder Architektur noch Grammatik oder Mathematik, weder Bildung noch Intelligenz voraussetzt und dass er jedem einzelnen vollkommene Freiheit gewährt, das zu tun, was ihm gefällt.
Nicht die äußere Erscheinung des Gartens entscheidet über seine Bedeutung, nicht seine Lage, seine Größe oder seine Gestalt, sondern allein das Verhältnis des Gärtners zu seinem Garten, denn – und das ist das Geheimnis der Kraft, die von Gärten ausgeht – die Entstehung eines Gartens geschieht dialogisch, als Zwiegespräch.

Hier wächst alles durcheinander: Salat, Kapuzinerkresse, Kerbel und junge Lupinen zwischen den Salatreihen – im Juni und Juli wird es eng im Küchengarten

Der Kern des Gartenglücks ist die schöpferische Tätigkeit des Menschen in und mit der Natur. Der Gärtner ist deshalb der glücklichste Mensch, denn er kann die Sehnsucht nach Unendlichkeit, die in jedem Menschen angelegt ist, schöpferisch gestaltend befriedigen, im Einklang mit der Natur. Er ist nicht wie der Künstler oder Philosoph dem Urteil der Gesellschaft ausgesetzt, er bewegt sich nicht in den Grenzen von Religion und Gesetz, er ist frei von Erfolgszwang, Etikette und Norm.

In England gibt es den Begriff „Nursery". Ursprünglich bezeichnete er den Teil des ummauerten Küchengartens, in dem junge Stauden und Sommerblumen vorgezogen wurden, heute ist es der Begriff für Staudenzucht, Gärtnerei und Baumschule und darüber hinaus die Bezeichnung für Kinder- und Spielzimmer, Kindergarten und Vorschule. Ich erwähne das, weil es für mich immer wieder ein Beweis ist für die tiefverwurzelte Liebe der Engländer zu ihren Pflanzen. „Nurse" ist die Krankenschwester, in der „Nursery" werden die Schützlinge liebevoll gehegt und gepflegt. Das alles steckt in diesem Wort und trifft auch den Kern des Gartenbildes, das ich hier beschreiben möchte und das wir heute am ehesten noch im Schrebergarten wiederfinden, während die Bauern-, Pfarr- und Klostergärten, die früher der Inbegriff des Zwiegesprächs zwischen Garten und Gärtner waren, heute allenfalls nostalgisch und museal sind.

„Hoc loco habitat fortuna, hic quiescit cor" – „An diesem Ort wohnt das Glück, hier findet das Herz Ruhe" ritzte im 18. Jahrhundert ein Abt in die Fensterscheiben des Priesterhauses einer Wallfahrtskirche in Bayern. Wenn ein Abt diese Worte schreibt, liegt es nahe, sie als gläubige Sehnsucht nach der Ruhe bei Gott im Jenseits zu deuten. Betrachtet man jedoch daneben den Ausspruch des Heiligen Pachomius, eines ägyptischen Mönchs im 3. Jahrhundert, erscheint der Satz in einem ganz anderen Licht: „Der Ort im Kloster, wo man Gott am nächsten ist, ist nicht die Kirche, sondern der Garten. Dort erfahren die Mönche ihr größtes Glück." Im Garten herrscht das Glück der Gegenwart, des „Hier und Jetzt". Es ist der Ort, an dem der einzelne Mensch das „ganze Weltgeheimnis" spürt, das in „jeder sprossenden Pflanze" verborgen ist. (E. Geibel). Ob „Weltgeheimnis", „Weltseele", „Mysterium des Unendlichen" oder „Schöpfergott" – die Bezeichnung mag in jeder Kultur und in jeder Religion anders

Neuseeländer Spinat braucht viel Zeit und Platz. Wenn er aber erst einmal in Schwung gekommen ist, kann man ihn den ganzen Sommer über ernten – bis zum Frost

lauten –, das Gefühl für das „Mysterium der Natur", dieses „ozeanische Gefühl", wie Sigmund Freud es nannte, ist eine elementare menschliche Empfindung, die jedem zuteil werden kann, der sich darauf einlässt. Dieses Einlassen ist allerdings die Voraussetzung, es ist eine Frage von „Zeit, Zuwendung und Raum" – „das, was in unserer Gesellschaft am kostbarsten geworden ist" und den „Garten zum letzten Luxus unserer Tage" werden lässt (D. Kienast).

Und es ist eine Frage von Phantasie und Imagination. Gärten sind auch immer „Gedankengarten", „innere Gärten" – oder noch pathetischer – „Seelengärten". Sie sind eine Mischung aus Erinnerung und Utopie, aus Ahnung und Gegenwart, aus Phantasie und Wirklichkeit – und deshalb sind sie Orte, an denen „das Glück wohnt", denn „Glück ist das Zusammentreffen von Phantasie und Wirklichkeit". (A. Mitscherlich).

von oben links bis unten rechts: 1. „Verveine" – Zitronenverbene 2. „Phlox im Salat" 3. Ohne Ringelblumen geht es nicht. 4. Basilikum 5. Eine neue Generation Rittersporn 6. Blühender Koriander

Mit ein paar *Samenkörnern*

FING ALLES AN

In einer sonnigen Ecke unseres großen alten Obstgartens „wohnt mein Glück". Dieser Garten wurde Jahrhunderte lang von der Familie, die seit über 600 Jahren in Ippenburg lebt, als Obst-, Gemüse- und Anzuchtgarten genutzt. Er ist von einer hohen Bruchsteinmauer umgeben und durch den Schlossgraben vom Wohngebäude getrennt. Ein Glashaus lehnt alt und brüchig an der Gartenmauer, daneben ein alter Schuppen mit morbidem Charme und dem Zauber vergangener Tage. Wie lange das alles schon steht, weiß keiner genau zu sagen; die über achtzig Zentimeter dicke Humusschicht spricht aber für eine sehr lange Zeit. Bis zum Beginn des Krieges gab es noch zahlreiche Gärtner, Köche und Küchenhilfen, die für das Wohl der Schlossbewohner sorgten und einen herrschaftlichen Küchengarten unterhielten. Während des Krieges bot der Garten das Notwendigste, um dann in den ersten Nachkriegsjahren zu „neuer Blüte zu erwachen". Mit Hilfe der zahlreichen pommerschen Flüchtlinge fand eine einträgliche Gemüseproduktion statt, für den Eigenbedarf und zum Verkauf auf dem Wochenmarkt. Danach fiel alles in einen tiefen Dornröschenschlaf. Das Glashaus verfiel, Blautannen bedeckten den größten Teil der Gartenfläche und zwischen den Obstbäumen wucherten Disteln und Brennnesseln. Als Erstes rodete ich die Blautannen hinter dem Glashaus und legte dort meinen Gemüsegarten an. Ich nannte ihn „meinen Küchengarten", eine poetische Überhöhung, mit der ich den Ort bewusst „auflud", um mich ein bisschen mit dem Flair von Stifters „Nachsommer" zu umgeben. Meine Kinder hatten dort ihre eigenen Beete, ich mein schöpferisches Chaos und so vergingen die ersten Jahre. Eine alte Gartenhilfe, die schon mit 14 Jahren den Dienst im Schloss angetreten hatte, führte mich schließlich in die Geheimnisse der Staudenvermehrung ein. Sie brachte Saatgut aus ihrem Garten mit, Rittersporn, Akelei und Lupinen, und erklärte mir, dass man den reifen Samen direkt aus der Samenhülle, noch warm von der Sonne, in die feuchte Erde legen müsse. In einer Zeitung fand ich die Adresse eines Samenfachhandels, der mir freundlicherweise gestattete, auch kleinere Mengen abzunehmen. Da waren „die Schleusen geöffnet" und es traf ein, was der Schweizer Gärtner Walter Bartlomé einst über sich selbst sagte: „Zuerst hatte ich einen Garten, jetzt hat der Garten mich!"

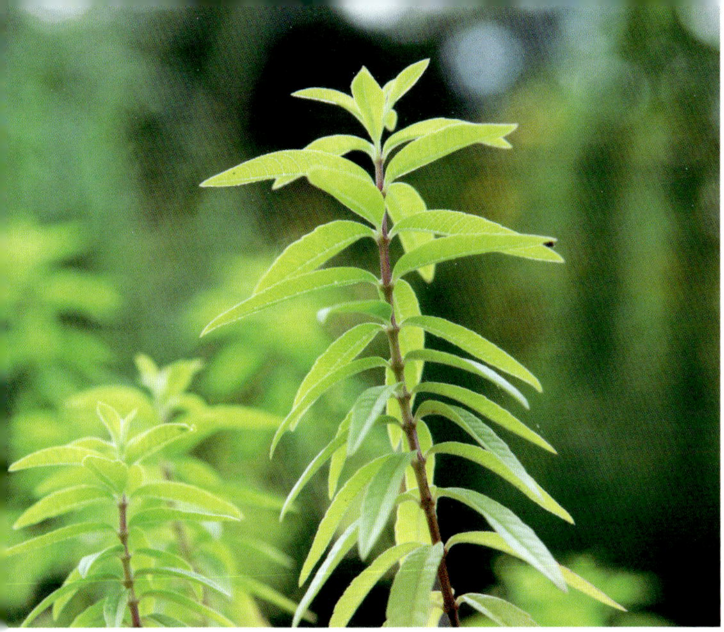
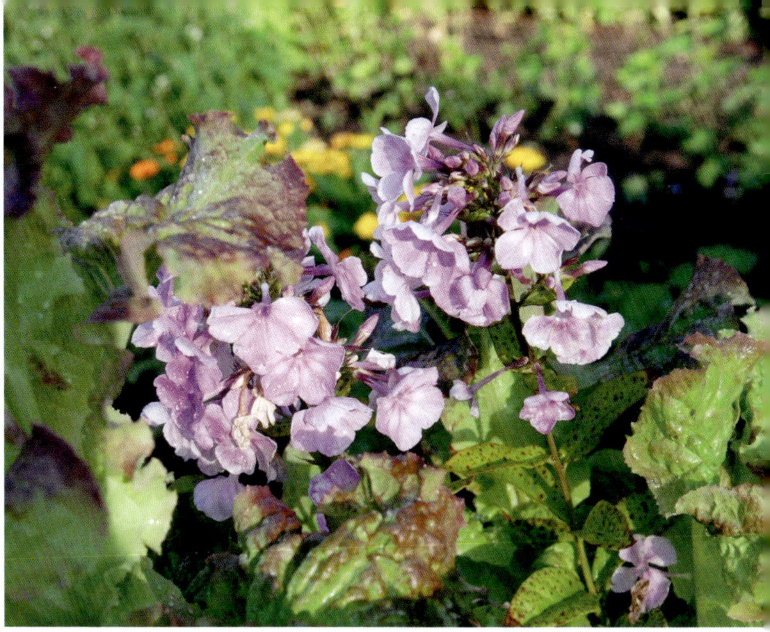
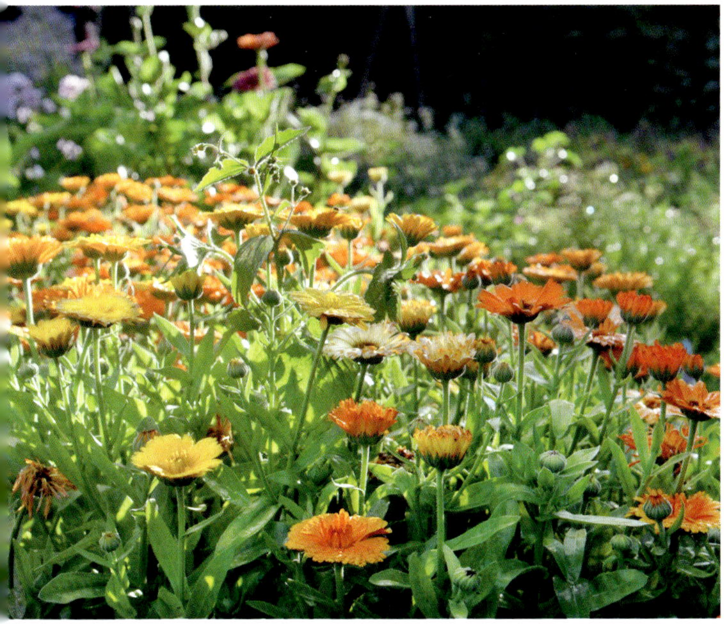
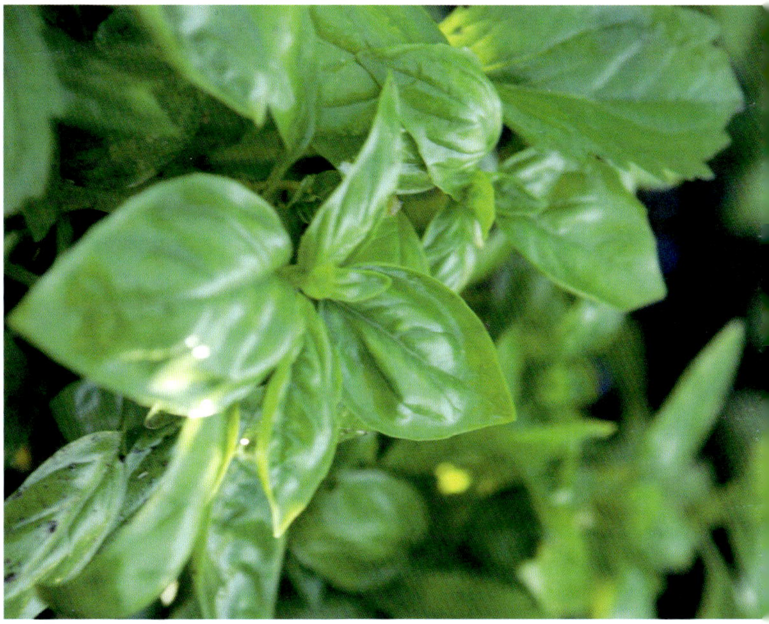
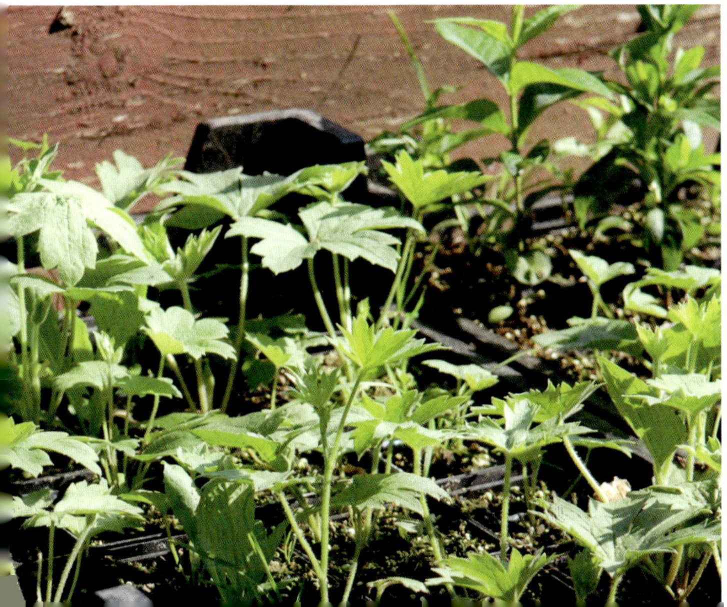
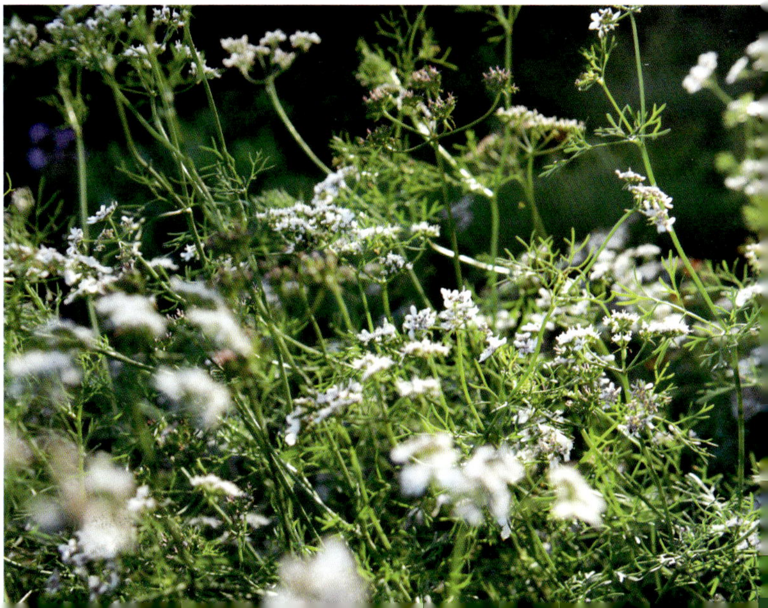

MEIN TIPP FÜR SIE:

Rittersporn, Lupine, Akelei und viele andere Stauden und Zweijährige kann man sehr leicht aus Samen ziehen. Man sollte sie nur sehr schnell nach der Reife aussäen, denn je länger der Samen liegen bleibt, desto schlechter keimt er. Das Saatgut der Sommerblumen, Mohn, Zinnien oder Jungfer im Grünen, ernte ich möglichst trocken und lagere es dann kühl, um es ab April direkt ins Freiland zu säen, möglichst gleich an Ort und Stelle.

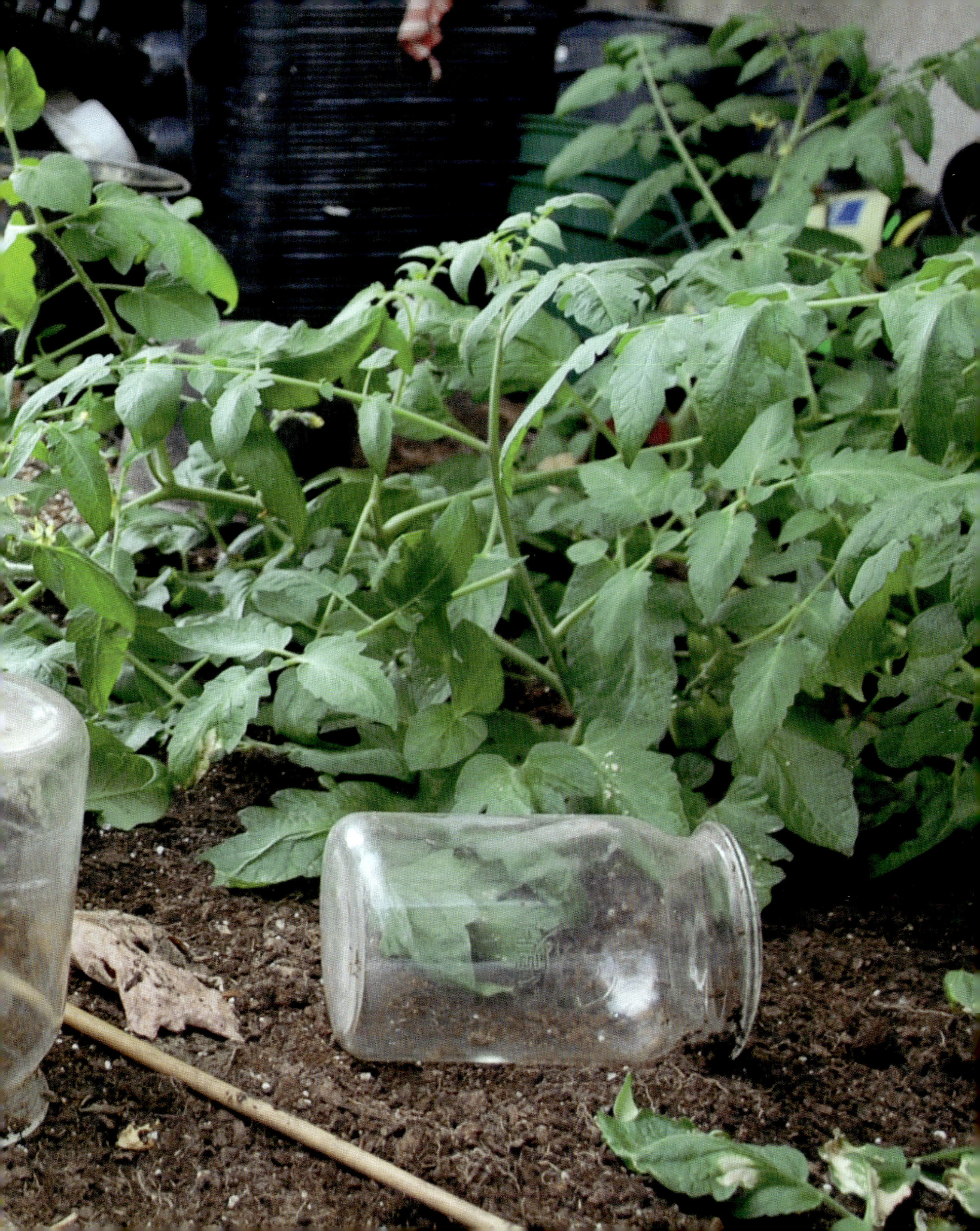

Der Duft der Melonen

Anfang der Neunziger Jahre waren alle Blautannen entfernt und eine Brücke über den Schlossgraben gebaut; unter den alten Apfelbäumen grasten manierlich die Schafe und meine maßlose Pflanzenproduktion füllte Beet um Beet des Schlossgartens. Inzwischen hatten geschickte Helfer das alte Glashaus wieder aufgebaut und mit den Scheiben der unzähligen Frühbeetfenster bedeckt, die in großen Stapeln zwischen den Brennnesseln aufgetaucht waren. Die Aussaat der Stauden konnte nun bereits im Februar beginnen, mit Gasstrahlern wurde über Nacht geheizt, während am Tage die Kraft der Sonne ausreichte. Und so ist es auch heute noch. Ich säe alljährlich unzählige Stauden aus, obwohl ich eigentlich gar keine mehr brauche. Aber ein Platz findet sich immer, notfalls werden sie verschenkt. Wenn nach den Eisheiligen die Pflänzchen ins Freie wandern, ziehen Gurken, Tomaten und Melonen in das Glashaus ein und machen sich dort ordentlich breit. Viele Melonen ernte ich nicht, die Reifezeit ist einfach zu kurz hier im Norden. Aber die wenigen, die ich ernte, bleiben unvergessen und lassen es mich immer wieder neu versuchen. Der Geschmack dieser graugrünen rauhen Früchte, die

„Mit Epikur als meinem Meister habe ich sogar Gärten gepachtet, denen ich die Freuden deines Italiens – Melonen, Blumenkohl und andere derartige Pflanzen –, anvertraut habe. In ihnen genieße ich die Morgensonne. Den übrigen Tag befasse ich mich mit Büchern und Gelehrsamkeit..."

JUSTUS LEPSIUS (1615)

Die Melone ‚Edonis F1-Hybride' ist eine frühreifende Melone mit köstlich schmeckendem hellorangefarbenem Fruchtfleisch.

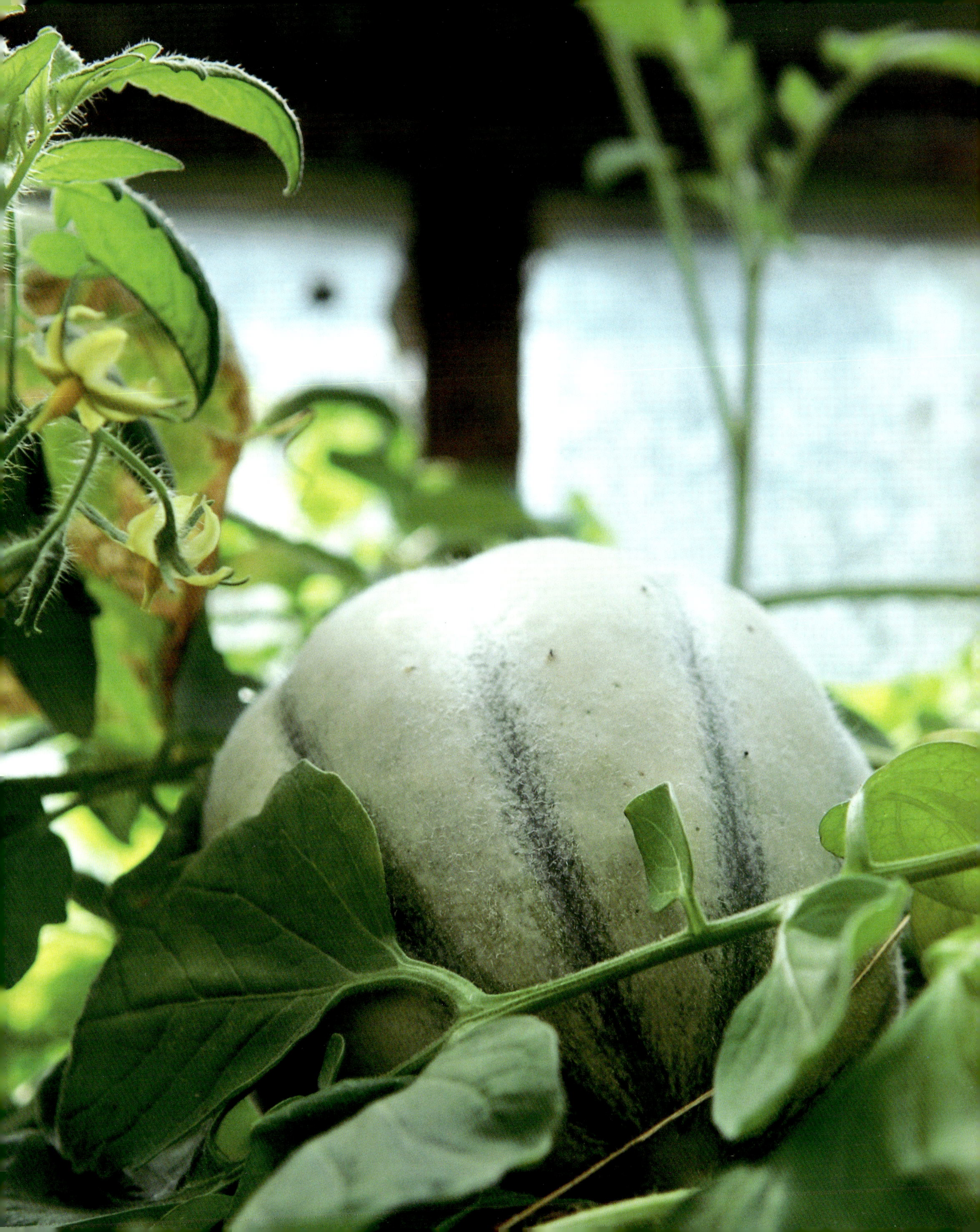

Sowohl Salatgurken als auch Gemüse- und
Gewürzgurken werden im Glashaus gezogen.

von der Sonne gewärmt einen köstlichen Duft verströmen, ist ohne Vergleich. Auch die Tomaten esse ich am liebsten sonnenwarm, sogar die Gurken. Diese langen Salatgurken wachsen derart schnell, dass es einem schon manchmal unheimlich wird. Gurken habe ich auch immer viel zu viele, aber da das Glashaus wie auch der Gemüsegarten eine Art „Kommune" ist, an der meine Gartenhilfen den gleichen Anteil haben wie ich, bleibt die Gurkenschwemme überschaubar. Im Sommer wird es dann noch mal eng im Glashaus: Die Zeit der Stecklingsvermehrung und die Aussaat der Zweijährigen beginnt. Rosen, schwarzer Holunder und Phlox stehen dann dicht gedrängt und mit alten Weckgläsern zugedeckt zwischen Kisten mit Bartnelken und Fingerhut, während Rittersporn und Akelei draußen im Freiland gesät werden und nach kurzer Zeit wie Soldaten in Reih und Glied zwischen Salat und Kartoffeln, Kapuzinerkresse und Kohl auftauchen.

Blick in das Glashaus

MEIN TIPP FÜR SIE:

Phlox ist ein Frostkeimer. Das klingt immer furchtbar kompliziert, besonders wenn einem nahegelegt wird, die Frostphase mit dem Einsatz der Kühltruhe künstlich zu erzeugen. Das versuche ich erst gar nicht. Legen Sie schöne reife Phloxsamen bis Oktober in ein möglichst „mäusesicheres" Beet und warten Sie einfach ab. Vorteilhaft ist es, wenn der November und Dezember mindestens für ein paar Tage eine Schneedecke liefern und es dann so richtig friert. Lassen Sie sich im Frühjahr überraschen – ein Drittel geht bei mir immer auf!

„Diese schreckliche Zeit, in der es nur Kartoffeln mit Dillsauce gibt!"

Es herrscht ein lustvolles Durcheinander in meinem Küchengarten: Strohblumen, Ringelblumen und Zinnien, blühender Rittersporn und Phlox aus der Saat des Vorjahres, Erdbeeren, Johannisbeeren und Weintrauben, Kartoffeln, Zucchini, Artischocken, Erbsen, Bohnen, Fenchel, Salat und Spinat – alles wächst ineinander, miteinander, durcheinander. Nur die mehrjährigen Kräuter lassen eine scheinbare Ordnung vermuten, sie stehen am Rand für sich allein. Rosmarin, Salbei, Weinraute und Thymian, Zitronenmelisse, Liebstöckel, Schnittlauch und Petersilie bilden ein Gärtchen für sich. Das ist eigentlich Zufall, aber es ist schön. Die einjährigen Kräuter wie Kerbel, Koriander, Dill, Basilikum und Majoran stehen in geraden Reihen an den verschiedensten Plätzen des Gartens zwischen Blumen und Gemüse. Kerbel, Dill und Koriander säe ich zwei- bis dreimal pro Sommer aus, um immer frische, zarte Blätter zu haben. Besonders Koriander schießt furchtbar schnell und beginnt rasch zu blühen, seine Blätter schmecken jedoch nur in ihrem ersten Stadium wirklich gut. Sobald er blüht, verliert er seine geheimnisvolle orientalische Note und wird fast aggressiv. Mein erster Dill bekommt fast immer Läuse, deshalb bin ich jetzt dazu übergegangen, ihn in einem verschwenderisch frühen Stadium zu ernten, wenn er noch ganz zart und klein ist – der später gesäte, der nie von Läusen befallen wird, kann dann kräftig und dunkelgrün werden. Kerbel gebrauche ich maßlos – zu allem. Deshalb muss ich darauf achten, dass immer genug da ist. Basilikum lässt sich bei mir schrecklich viel Zeit. Er wird und

Das Auge spielt bei der Ernte fast die wichtigste Rolle

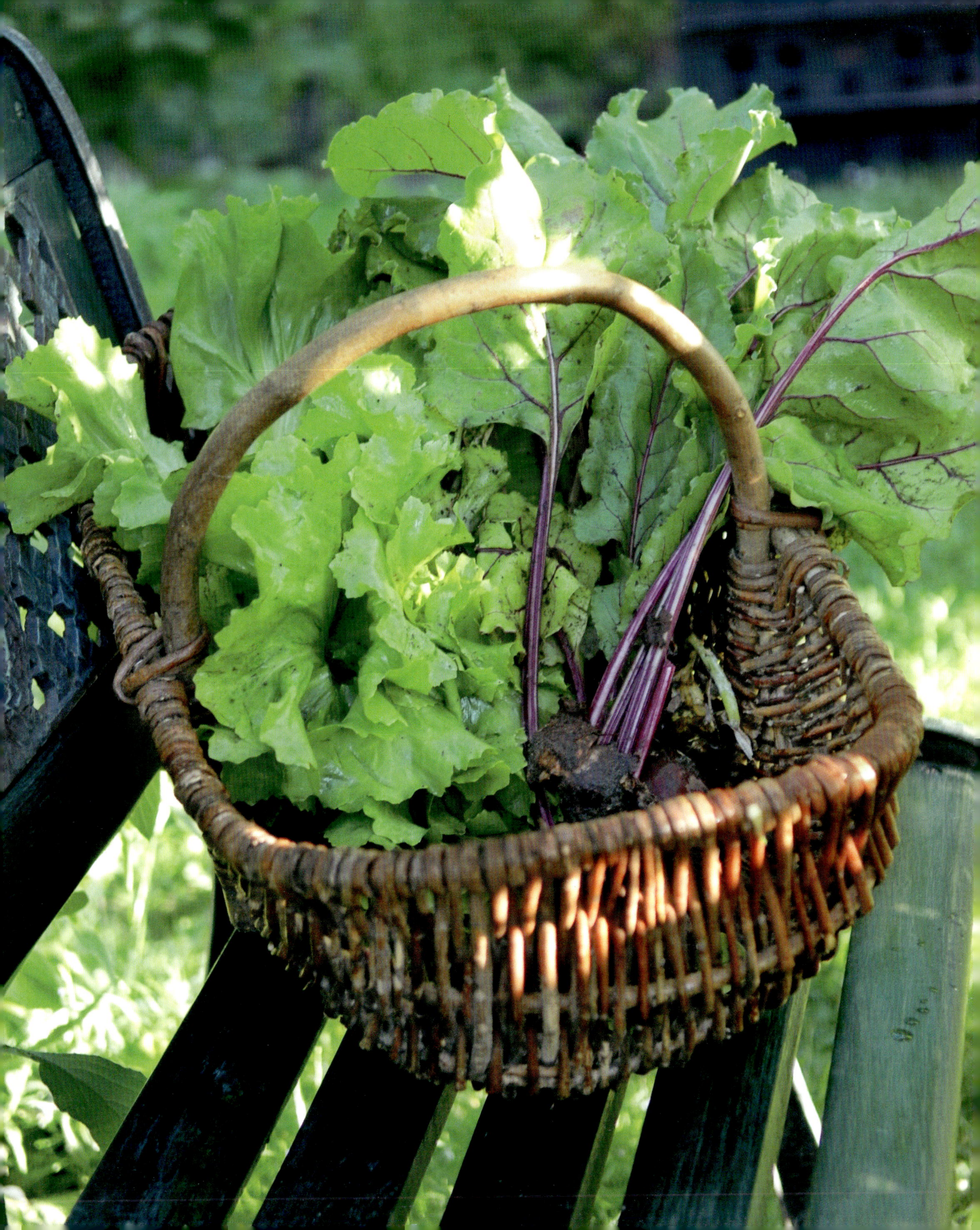

MEIN TIPP FÜR SIE:

Kerbelsuppe, Kerbelsauce und Kerbelbutter zu Kartoffeln, Spargel und zum Zander – Kerbel ist unentbehrlich! Koriander zu Lammfrikadellen, Huhn und Schwein, zu weißem Fisch, Thunfisch und Zucchini. Minze zu Kartoffeln und Erbsen (sowohl ins Kochwasser als auch zum Servieren in die Schüssel), zu Lammbraten, -kotelett und -frikadellen und zu einem kalten Erbsen-Joghurt-Salat. Rosmarin zu allem Fleisch und Geflügel, zu Seeteufel, Jakobsmuscheln und Dorade, Kartoffeln und Pilzen. Unübertroffen: warme Krebsschwänze in heiße Rosmarinbutter getaucht! Verveine eignet sich nicht nur als Tee – man kann köstliche Fischsaucen oder auch Süßspeisen daraus zaubern!

Neuseeländer Spinat wird von der Kapuzinerkresse ‚Strawberries and Cream' umgarnt, daneben Limonenbasilikum ‚Lime' und die niedrige Zinnie ‚Polar Bear'

Schwarze Johannisbeeren, Hopfen und *Molinia* in meiner wilden Obstgartenrabatte

Der rote Mangold ist mit Abstand das schönste Gemüse!

wird nicht größer, um dann plötzlich zu explodieren und, wenn ich nicht aufpasse, Blüten zu treiben. Das ist dann der Moment, wenn ich zur „Pesto-Schlacht" in der Küche aufrufe. Es gibt nur noch Spaghetti, so wie im Frühsommer nur Kartoffeln mit grüner Sauce auf den Tisch kommen, was einst einen meiner Söhne zu dem legendären Aufschrei veranlasste: „Ach, jetzt beginnt wieder diese schreckliche Zeit, in der es nur Kartoffeln mit Dillsauce gibt!" Auch Rosmarin verwende ich maßlos – nicht nur ein paar Nadeln, nein, immer gleich ganze Zweige wandern zu Fisch und Fleisch und in die Kartoffeln. Zu erwähnen wären noch die vielen Minzesorten, von denen die ‚Applemint', die ich vor zwanzig Jahren aus England mitbrachte und von der ich bereits mehr als fünf volle Schubkarren aus dem Garten herausgefahren habe, weil sie sich so hemmungslos ausbreitet, sowohl in das Kartoffel- als auch in das Erbsenwasser kommt, beim Lammkotelett in der Pfanne brät oder zu Mintgelée verarbeitet wird. Aus der Marokkanischen Minze koche ich einen herrlich süßen orientalischen Tee, der an glühenden Sommertagen, die hier im Norden leider selten sind, heiß getrunken die Lebensgeister weckt. Am Schluss muss ich noch ein Loblied auf meine „Verveine" anstimmen. Sie führt ein Schattendasein in unseren deutschen Gärten. Niemand kennt sie. Wer „Verbene" hört, denkt allenfalls an Balkonpflanzen in giftigem Violett und Pink. Diese Verbene, die Zitronenverbene, hat rauhe, schmale hellgrüne Blätter, aus denen man den elegantesten Tee machen kann, der sich vorstellen lässt. Verveine beruhigt Körper, Nerven und Verstand – es ist ein Zaubertrank, dessen Duft mit allem versöhnt, schon bevor man den ersten Schluck getrunken hat. Der einzige Nachteil: Die Verbene muss frostfrei überwintern, aber die Mühe lohnt!

Aus Gründen des ganzen Lebensgefühls

Er muss wahrhaft paradiesisch sein – kein Gemüse, kein Obst sollte im Garten fehlen! Und auch, wenn man gar nicht alles erntet, man braucht es einfach. Ich bin ein Augenmensch. Ich muss diese Dinge im Sommer einfach um mich haben, sie sehen. Vieles esse ich auch, aber darauf kommt es mir eigentlich gar nicht an. Mindestens fünf verschiedene Sorten Salat und drei Sorten Kartoffeln, darunter die herrlichen Violetten, von denen ich in diesem Jahr sage und schreibe eine ganze Mahlzeit geerntet habe! Ich werde im nächsten Jahr irgend etwas anders machen müssen. Blaue Stangenbohnen sind ein „Muss". Zuckererbsen oder „Mange Tout", die beim Kochen, wenn man nicht aufpasst, plötzlich hässlich und braun werden, wenn sie aber gelingen, zu dem Schönsten zählen, was Gartengemüse hervorbringen kann. Sie sind etwas für Faule. Man braucht sie nur zu pflücken und in den Topf zu tun, das ist alles. Richtige Erbsen, die man „auspahlen" muss, so nennt man das hier, habe ich nicht. Ich besaß einmal vier Reihen. Eine gute halbe Stunde habe ich damals zum Pflücken gebraucht, das war noch ganz beschaulich und kontemplativ. Aber das „Auspahlen" dauerte mehr als eine Stunde, weil ich nicht geübt darin war. Herauskam ein kleiner Topf Erbsen, zugegeben köstlich schmeckender Erbsen, aber sie waren in fünf Minuten verspeist! Nie wieder! Zucchini habe ich nur in Gelb – die Farbe inspiriert mich zu den herrlichsten Curry- und Safrangerichten. Einer meiner Favoriten ist

„Man braucht das alles aus Gründen des ganzen Lebensgefühls – nicht nur der leiblichen Erfrischung und der Nahrung halber. Man braucht die Stangenbohnengerüste und die grüne Regentonne und den blaugrünen niedrigen Zaun, der das Würzkräutergärtchen umarmt.
…Die Gestaltung solchen Nutzgartens geschieht aus Ordnung, Vernunft und des praktischen Bedürfnisses. Wenn aber alles herangewachsen ist, wuchs eine Gartenpoesie und ein Lebensreiz mit heran, wie sie gar nicht vorgeahnt werden konnten…"

KARL FOERSTER

Die Rose ‚New Dawn' am Eingang zum alten Glashaus

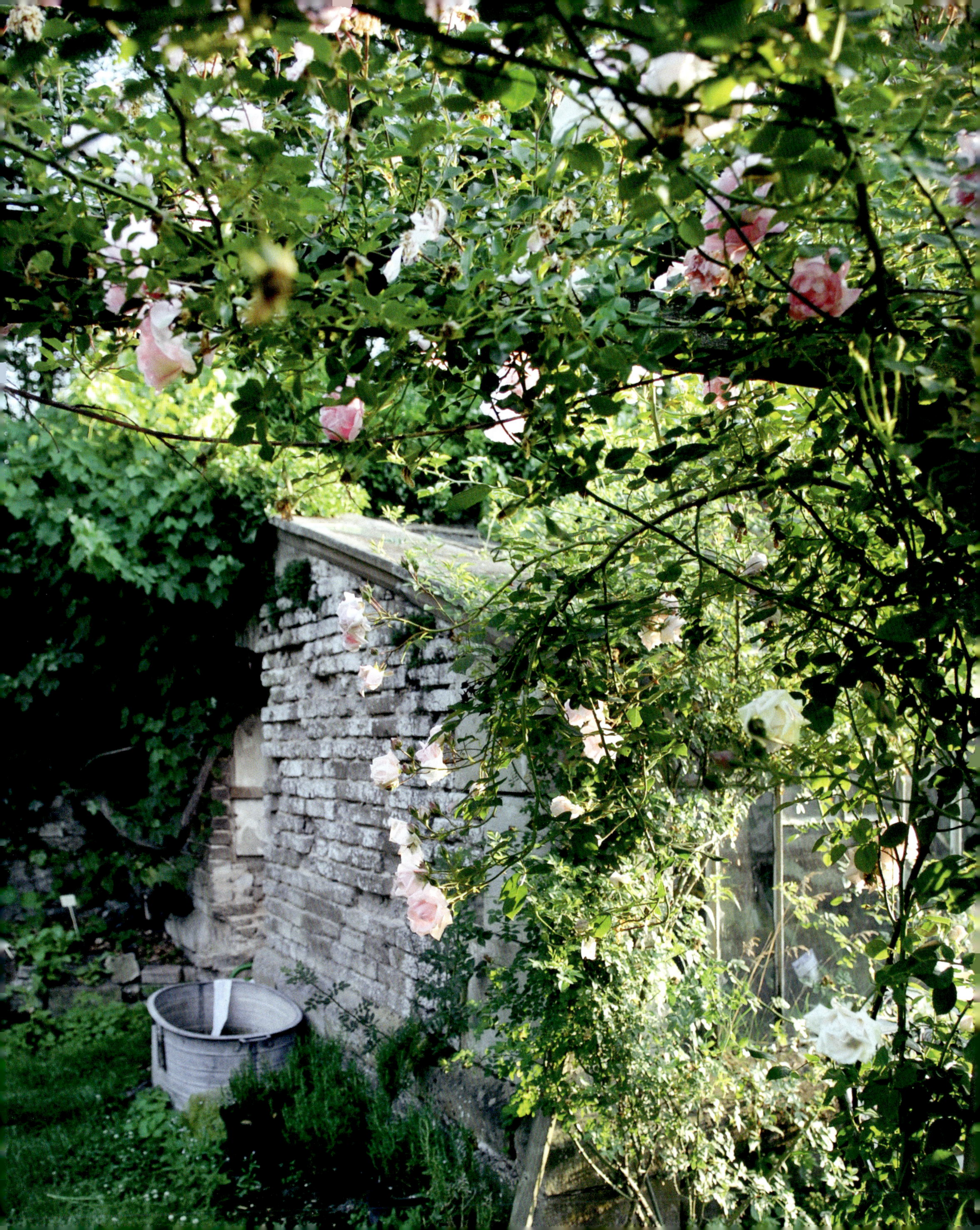

Die gelben Zucchini machen sich im August unverschämt breit.

der Neuseeländer Spinat. Er braucht zwar eine Weile, bis er in Schwung kommt, und benötigt außerdem noch jede Menge Platz, aber alles andere geht von selbst. Er schießt nicht und man kann ihn bis in den Herbst hinein wöchentlich einmal vollständig abernten. Er schmeckt hervorragend und wahrscheinlich ist er auch noch schrecklich gesund.
Normalen Spinat baue ich gar nicht mehr an. Er schießt, ehe sich überhaupt eine ernstzunehmende Blattmasse gebildet hat, und dann ist es mit ihm auch schon vorbei. Artischocken habe ich eigentlich nur wegen der Schönheit. Ich liebe diese kolossalen Pflanzen, die wie Skulpturen in dem ganzen bunten Chaos stehen. Manchmal esse ich sie auch und denke dabei voller Neid an den venezianischen Markt am Rialto, wo die Artischockenböden fertig geputzt und geschnitten verkauft werden. Am Schluss noch ein Wort zum Mangold. Er ist ein seltsames Gemüse. Seine Schönheit steht in keinem Verhältnis

Geschossener Salat – sommerliches Chaos im Küchengarten

MEIN TIPP FÜR SIE:

Alle genannten Gemüsesorten können Sie in Deutschland beziehen. Ich bestelle darüber hinaus noch sehr viele neue oder seltene Sorten aus englischen Saatkatalogen, einfach aus Freude an den oft sehr ausgefallenen Farben. Neben den violetten Erbsen, Bohnen und Kartoffeln gibt es violette Mohrrüben, Kohlrabi, Broccoli, Rosenkohl und mindestens 15 verschiedene Tomatensorten.

zu seinem Geschmack. Er sieht brillant aus, schmeckt aber muffig. Doch es gibt auch Zeiten, da genieße ich einfach alles, was aus dem Garten kommt. Es ist so eine Art „Natur-Euphorie" die mich dann plötzlich überfällt und einen Kreativitätsschub auslöst, der ausschließlich die Zubereitung dieser Gemüse im Visier hat. Ich glaube, es hat etwas mit der Wirkung der Farben zu tun. Farben wirken direkt auf mein Gemüt und setzen eine Bewegung in Gang, die man fast als „chemische Reaktion" bezeichnen könnte, weil sie unreflektiert und nicht steuerbar ist. Deshalb, und nur deshalb schleppe ich in dieser Phase Unmengen safrangelbe Zucchini und „sonnenuntergangsfarbene" Mangoldwedel in meine Küche und probiere immer neue Gerichte aus. Auch das Gold der Schalotten und das warme, sinnliche Ocker der Kartoffeln, das Schwarz der Johannisbeeren und des Holunder inspirieren mich und treiben mich aus dem Haus, in den Garten und ins freie Feld.

Anarchie im Küchengarten, Augustäpfel, Kindheitserinnerungen

UND DIESE GANZE POESIE!

Ab August herrscht Anarchie im Küchengarten! Der Salat schießt, die Kapuzinerkresse überwuchert die Kartoffeln und klettert an den Bohnenstangen herauf und die sterbenden Zwiebeln liegen in herrlichen goldenen Strähnen zwischen Kerbel und Kohl. Dazwischen stehen die Bataillone des frisch aufgelaufenen Rittersporns, der Phlox des letzten Sommers verströmt seinen schweren Duft, und riesige goldene Zucchinikeulen drängeln sich durch die großen rauhen Blätter und erdrücken die zarten Blättchen der gerade frisch auflaufenden Akelei. Es ist ein seltsamer Aufruhr, ein letztes Aufbäumen der Natur. Noch ein paar Wochen und alles ist vorbei. Der Geruch der im Gras liegenden gärenden Augustäpfel erfüllt die Luft und erinnert mich an meine Kindheit, an die Bäume, in denen ich meine Sommertage verbrachte – in der Augustsonne dösend, während unter mir die Kühe friedlich grasten. Oft saß ich allerdings nicht ganz freiwillig so lange dort oben, ich musste warten, bis die Kühe weitergezogen waren, weil ich mich vor ihnen fürchtete. Diese Apfelbäume erschienen mir damals sehr hoch und ich war ein guter Kletterer. Als ich sie später als Erwachsener wiedersah, traute ich meinen Augen nicht – lächerlich klein waren sie! So wie die Abstände zwischen den weißen Steinen, die um unser Rasenrondell gelegt waren und auf denen wir in Sommernächten bis zur Dämmerung spielten. Wir versuchten, von Stein zu Stein zu springen, ohne abzurutschen oder das Gras zu betreten. Wer den Boden berührte, schied aus. Das Spiel konnte Stunden dauern, weil man immer wieder von vorne anfing, wenn der Letzte ausgeschieden war. Das war der Sommer, die schönste Zeit des Jahres. Wenn die Erwachsenen in der milden Abendluft saßen, auf der Treppe vor der Haustür und uns Kinder vergaßen. Wenn die großen Ferien begannen, die Heuwagen des Großvaters langsam und schaukelnd den Sandweg zum Hof herauf fuhren und ich mitten obendrauf saß, was meine Mutter erschreckte und meinen Großvater freute. Wenn das frisch geerntete Heu zu großen Haufen aufgetürmt in der Scheune lag und wir Höhlen darin bauten oder uns von den Dachbalken hineinstürzten. Alles furchtbar gefährlich und absolut verboten – aber wer hatte im Sommer schon Zeit, nach uns Kindern zu sehen? Sie werden allmählich ungeduldig und fragen sich, was das alles mit meinem Garten zu tun hat? Sehr viel! Denn der Garten ist ein Ort der Erinnerung, der Träume und der Phantasie. Der Gärtner schafft sich seinen Garten

Geschossener Salat hat einen besonderen Reiz.

aus den Bildern, die er in sich trägt, aus den Bildern seiner Kindheit. Das kann bewusst geschehen, indem er liebgewonnene Gegenstände in seinen Garten stellt und Kindheitsblumen pflanzt. Manchmal geschieht es jedoch, dass ein Geruch oder eine Farbe plötzlich und völlig unerwartet eine Tür öffnet und Erinnerungen an längst vergangene Tage weckt. Das sind diese schönen Momente, in denen die Zeit stehen zu bleiben scheint. Sie sind es, die den Aufenthalt im Garten so angenehm und unentbehrlich machen. Man kann sie nicht erzwingen, sie geschehen einfach. Ich liebe den Sommergarten. Seine Fülle, seine Farben und seine Gerüche. Die Anarchie im Küchengarten, den Aufruhr in den Rabatten, diesen „riot of flowers", die Pfirsiche, Äpfel und Trauben, die Blütenlese und die ganze Poesie! „Hier wohnt das Glück" und einen Garten zu haben „ist in der Tat das reinste Vergnügen"!

Einige Favoriten –
eine kleine Auswahl nach Farben

Weiß: Anemone ‚Honorine Jobert', *Scabiosa* ‚Reinweiß', *Cleome* ‚Helen Campbell', *Cosmos bipinnatus* ‚Purity', Mohn ‚Angels Choir', *Digitalis* ‚Snow Thimble', *Hemerocallis* ‚Gentle Shephard', Sterngladiole *(Gladiolus callianthus = Acidanthera)*, *Lilium regale, Galtonia candicans, Nicotiana sylvestris* ‚Fragrant Cloud', *Nigella* ‚African Bride', *Ammi majus* (Knorpelmöhre)

Rosa: Mohn *Papaver paeoniflorum* ‚Flemish Antique', Mohn ‚Pink Peony' sowie die Mischungen ‚Angels Choir' und ‚Cedric Morris', die Duftwicken ‚Appleblossom' und ‚Anthea Turner', Nachtkerze ‚Pink Petticoats', Bartiris ‚Vanity'

Purpur/Violett: Mohn *Papaver paeoniflorum* ‚Black Peony', Mohn *Papaver somniferumn* ‚Burgundy Frills', ‚Violetta Blush' und ‚Seriously Scarlet', Duftwicke *Lathyrus matucana* und *Lathyrus odorata* ‚Midnight', Trichterwinde ‚Star of Yelta', Sterndolde *(Astrantia)* ‚Ruby Cloud', Stockrose ‚Crème de Cassis', *Malva sylvestris* ‚Mystic Merlin', *Scabiosa* ‚Beaujolais Bonnets', *Verbena bonariensis, Angelica* ‚Gigas', *Knautia macedonica, Sanguisorba menziesii, Cirsium* riv. *atropurpureum, Cerinthe major purpurascens* (Wachsblume)

Blau: Nigella ‚Curiosity', ‚Miss Jekyll' und ‚Oxford Blue', die Duftwicken ‚Blue Ripple', ‚Blue Velvet' und ‚Chatsworth', *Campanula persicifolia* und *latifolia, Salvia patens, Salvia farinacea* ‚Viktoria', *Commelina coelestis* (Tagblume), Skabiose ‚Lavendelblau', *Eryngium planum,* Phlox ‚Blauer Morgen', *Echinops* (Kugeldistel), *Agapanthus, Baptisia australis* (Färberhülse)

Rot: *Monarda* ‚Garden View Scarlet', Lilie ‚Gran Paradiso' und ‚Blackout', *Crocosmia croc.* ‚Luzifer', *Canna* ‚Brillant', Dahlie ‚Bishop of Llandraff', Staudenmohn ‚Beauty of Livermeere', *Lobelia tupa, Lobelia* F1 ‚Fan Scharlach'

Orange: Nachtkerze ‚Sunset Boulevard' und ‚Apricot Delight', *Agastache* ‚Apricot Sprite', Kokardenblume ‚Razzle Dazzle' und ‚Sundance', Kalifornischer Mohn ‚Apricot Flambeau', Schafgarbe ‚Summer Berries' oder ‚Summer Pastels', *Eremurus* ‚Cleopatra', Dahlien ‚Bishop of Oxford', ‚Rock & Roll', ‚Peaches & Cream' und ‚Café au Lait', *Echinacea* ‚Sunset', Löwenmaul *majus nanum* ‚Rembrandt', *Kniphofia* (Fackellilie), *Helenium* ‚Moerheim Beauty', ‚Baudirektor Linne', ‚Vicky' und ‚Kupferzwerg', *Canna* ‚Wyoming', *Tithonia rotundifolia* ‚Torch'

Bronze bis „Schwarz": *Ratibida columnifera* ‚Red Midget', Kapuzinerkresse ‚Black Velvet', Kornblume ‚Black Ball', Skabiose ‚Schwarzpurpur' und ‚Ace of Spades', *Cosmodium burridgeanum* ‚Phillipine', *Veratrum nigrum,* Akelei ‚Chocolate Soldier', Stockrose *(Alcea rosea)* ‚Nigra', *Anthriscus sylvestris* (Wiesenkerbel) ‚Ravenswing', Bartiris ‚Black Tie' und ‚Hello Darkness', Steppeniris *(Iria spuria)* ‚Antiqua' und ‚Sahara Sands', Schokoladenblume *(Cosmos atrosanguineus),* Bartnelke, *Atriplex hortensis* var. *rubra* (Rote Melde) ‚Sooty', *Viola wittrockiana* ‚Black Moon', Zantedeschia ‚Schwarzwalder', Dahlien ‚Chat Noir' und ‚Arabian Night'

Bezugsquellen

Thompson & Morgan *www.thompson-morgan.com*

Staudengärtnerei zur Linden *www.zur-linden-stauden.de*

Küppers Blumenzwiebeln *www.kuepper-bulbs.de*

N.L.Chrestensen *www.chrestensen.de*

Jelitto *www.jelitto.com*

Staudengärtnerei Gräfin von Zeppelin *www.graefin-von-zeppelin.de*

Hemerocallis Kwekerij Joosten *www.kwekerij-joosten.nl*

Bildnachweis

Alle Bilder stammen von Viktoria von dem Bussche mit Ausnahme der Box und der Seiten 4/5: Marion Nickig.

Literatur

Roger Grounds , Gräser, DVA 2007

Tony Lord, Gärten voller Rosen, Christian Verlag 2000

Peter Beales, Rosen meine Leidenschaft, Christian Verlag 2004

David Austin, Englische Rosen, BLV 2005

Hermann Glaser, Hinterm Zaun das Paradies, ars vivendi 1999

ALMA DE L`Aigle; Begegnung mit Rosen, Dölling und Galitz Verlag 2002

Heinz-Dieter Krausch, „Kaiserkron und Päonien rot…", Dölling und Galitz Verlag 2003

Karl Foerster, Ein Garten der Erinnerung, 4.überarb. Auflage 2004

Klaus Jürgen Strobel, Alles über Rosen, Ulmer 2006

Andrea von Dülmen, Das irdische Paradies, Böhlau 1999

Botanica, Das ABC der Pflanzen, Könemann-Tandem Verlag 2003

Lioba Riedel-Laule, Rosen-Freunde fürs Leben, Ellert & Richter 2002

Impressum

© 2008 Verlag Georg D.W. Callwey GmbH & Co. KG

Streitfeldstraße 35, 81673 München

www.callwey.de | E-Mail: buch@callwey.de

Die Deutsche Nationalbibliothek verzeichnet diese Publikation in der Deutschen Nationalbibliografie; detaillierte bibliografische Daten sind im Internet über <http://dnb.ddb.de> abrufbar.

ISBN 978-3-7667-1747-4

Das Werk einschließlich aller seiner Teile ist urheberrechtlich geschützt. Jede Verwertung außerhalb der engen Grenzen des Urheberrechtsgesetzes ist ohne Zustimmung des Verlages unzulässig und strafbar. Das gilt insbesondere für Vervielfältigungen, Übersetzungen, Mikroverfilmungen und die Einspeicherung und Verarbeitung in elektronischen Systemen.

Lektorat: Christine Pfützner, München

Umschlaggestaltung, Layout und Satz: Lucie Schmid, independent Medien-Design, München

Druck und Bindung: Fotolitho Longo, Bozen

Printed in Italy